クレヨンしんちゃん 国語ドリル 小学1年生 ごい・ことば

キャラクターしょうかい

のはら　ひろし

しんちゃんの
お父(とう)さん。

のはら　みさえ

しんちゃんの
お母(かあ)さん。

のはら　ひまわり

しんちゃんの
いもうと。

シロ

しんちゃんの
あい犬(けん)。

のはら一家(いっか)

のはら　しんのすけ

お気(き)らくな　5さいの　男の子(おとこのこ)。
みんなから　「しんちゃん」と　よばれて　いる。
きれいな　おねいさんと　チョコビが　大(だい)すき。

ようちえんの ともだちと 先生(せんせい)

まつざか先生(せんせい)

えんちょう先生(せんせい)

よしなが先生(せんせい)

あげお先生(せんせい)

ボーちゃん

石(いし)あつめが　しゅみ。

マサオくん

ちょっぴり
なき虫(むし)。

風間(かざま)くん

べんきょうが
とくい。

ネネちゃん

リアルおままごとが
大(だい)すき。

ぶりぶりざえもん

しんちゃんが　つくった
せいぎ(?)の　ヒーロー。

アクション仮面(かめん)

しんちゃんが
あこがれる　ヒーロー。

埼玉(さいたま)べにさそりたい

スケバン女子高生(じょしこうせい)　3人(にん)ぐみ。
本(ほん)とうは　いい人(ひと)。

あいちゃん

しんちゃんに
こいする
おじょうさま。

黒磯(くろいそ)

あいちゃんの
ボディーガード。

このドリルのつかいかた

学しゅうの ながれ

1 「どうにゅうまんが」を よむ！（3ページを 見てね）

2 「ことばれんしゅうページ」に とりくむ！

3 **4** 「ことばパズル」「おさらいテスト」で ふくしゅう！（3ページを 見てね）

5 「かくにんテスト」で たしかめ！（3ページを 見てね）

2 ことばれんしゅうページ

どんな ことを 学しゅうするのかを たしかめよう。

とりくんだ 日にちと よう日を かこう。

もんだい文を よく よんで こたえよう。

ページの 学しゅうが おわったら、「ぶりぶりシール」を ここに はろう！

ことばの 学しゅうが すすむほどに 上がって いく 「アクション仮面の がんばりメーター」だよ。

「クレヨンしんちゃん」キャラクターの はげまし(!?)の ことばだよ。

キャラクターたちが ヒントを おしえてくれる ことも あるよ！

1 3
ひらがなと かたかな①
月 日 よう日
①　―の かたかなを ひらがなに なおして、（　）に かきましょう。
①のり（　） ②カさ（　）
③おヤつ（　） ④おんせん（　）
②　正しい ほうの ことばを （　）で かこみましょう。
お子さま {ランチ / うンチ} の なかみは、{ミニトマト / ミにトマト} と {オムらイス / オムライス} だった。
よーく 見くらべよう！
きょうも よく がんばったぞ！ ここに ぶりぶりシールを はろう
あ―、おいしかった。
7

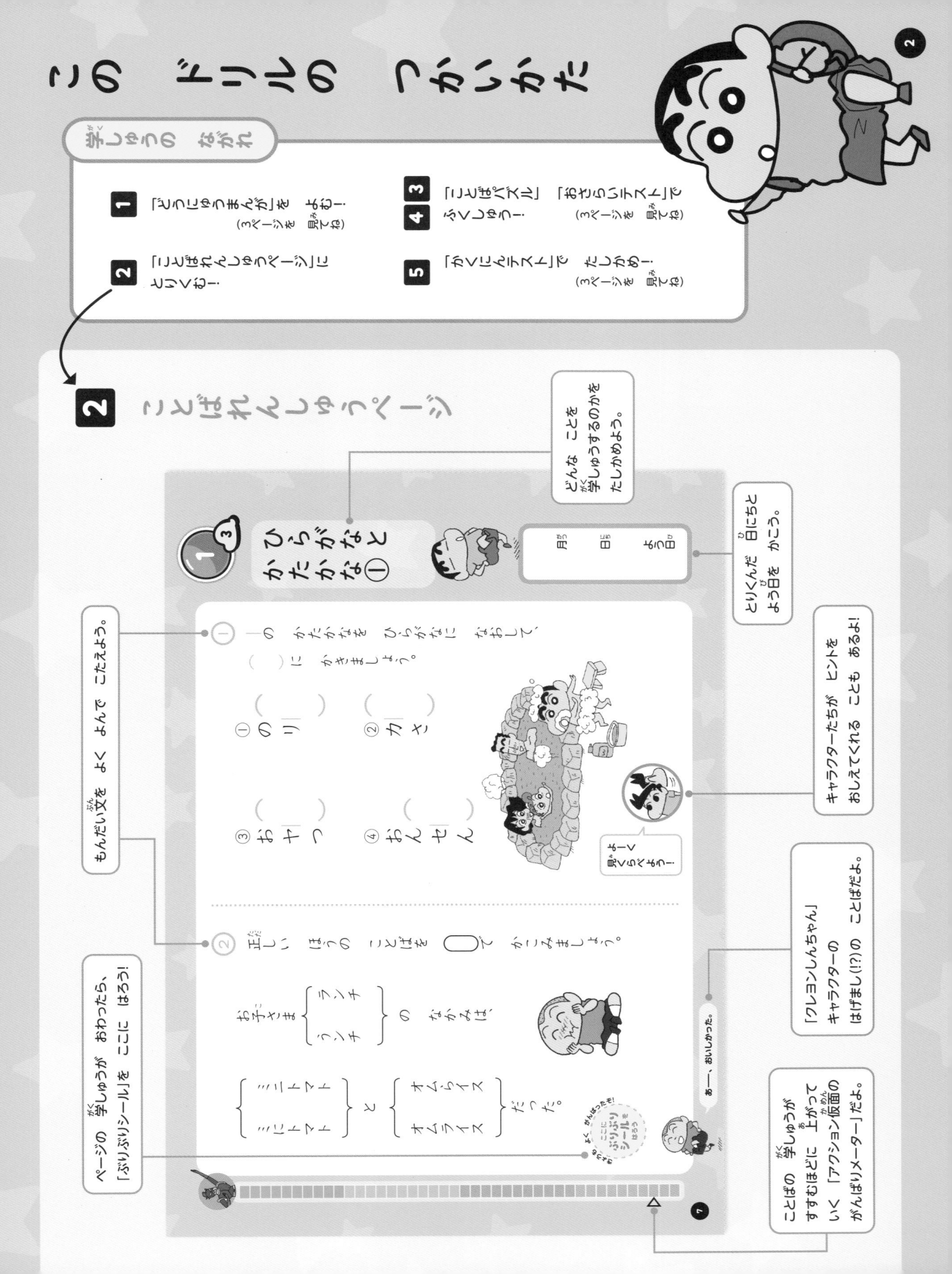

右上から　下に　むかって　よもう。

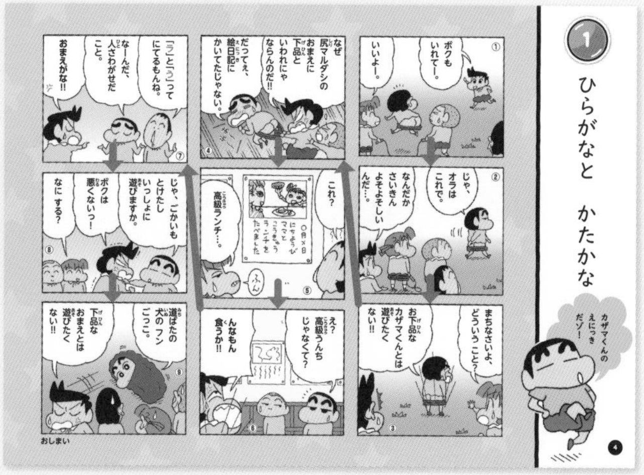

ひらがなと　かたかな
おしまい

1 どうにゅうまんが

その　たんげんで　学ぶ　ことばを　つかった、　たのしい　オリジナルまんがだよ。

3 ことばパズル

たのしい　パズルで　ことばを　おさらいしよう。

ことばパズル①
ひらがなだけを　とおって、
ゴールまで　すすもう！
スタート
ゴール
わ
コ
カ
ヌ
ニ
ひ
ウ
ま
ヤ
セ
テ
り
モ

4 おさらいテスト

りかいを　たしかめる　テストだよ。

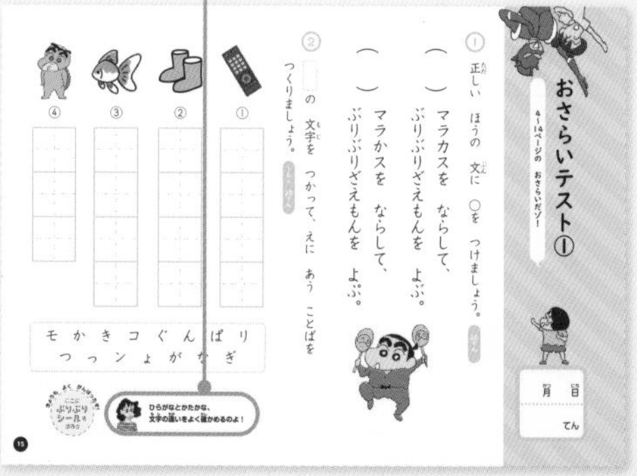

おさらいテスト①
正しい　ほうの　文に　○を　つけましょう。
マラカスを　ならして、ぶりぶりざえもんを　よぶ。
マラカスを　ならして、ぶりぶりざえもんを　よぶ。

おうちの方むけの「みさえの声かけアドバイス」だよ。

5 かくにんテスト

１年生の　ことばの　たしかめテストだよ。

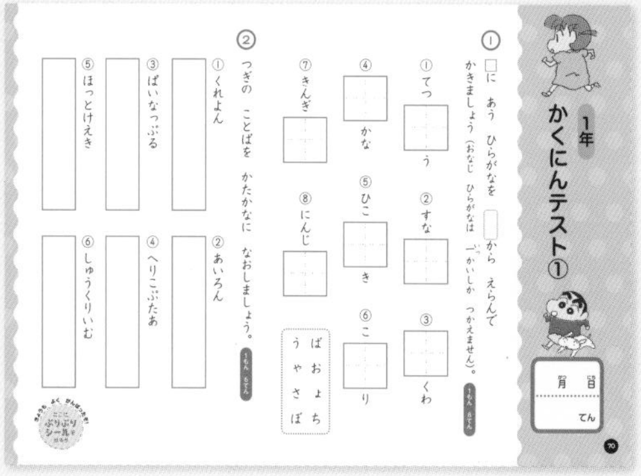

1年
かくにんテスト①
つぎの　ことばを　かたかなに　なおしましょう。

おうちの方へ

- このドリルは、文部科学省の学習指導要領に対応しています。なお、まんがページなどでは、2年生以上で習う漢字も使用しています。
- 各キャラクターのセリフや言い回しは、原作まんがに準じた表現としています。
- お子さんが学習を終えたら、巻末の「こたえのページ」を参照のうえ、丸つけをしてください。
- 問題では一般的な教科書体を使用していますが、お使いの教科書とは字形が異なる場合があります。

1 ひらがなと　かたかな

カザマくんのえにっきだゾ！

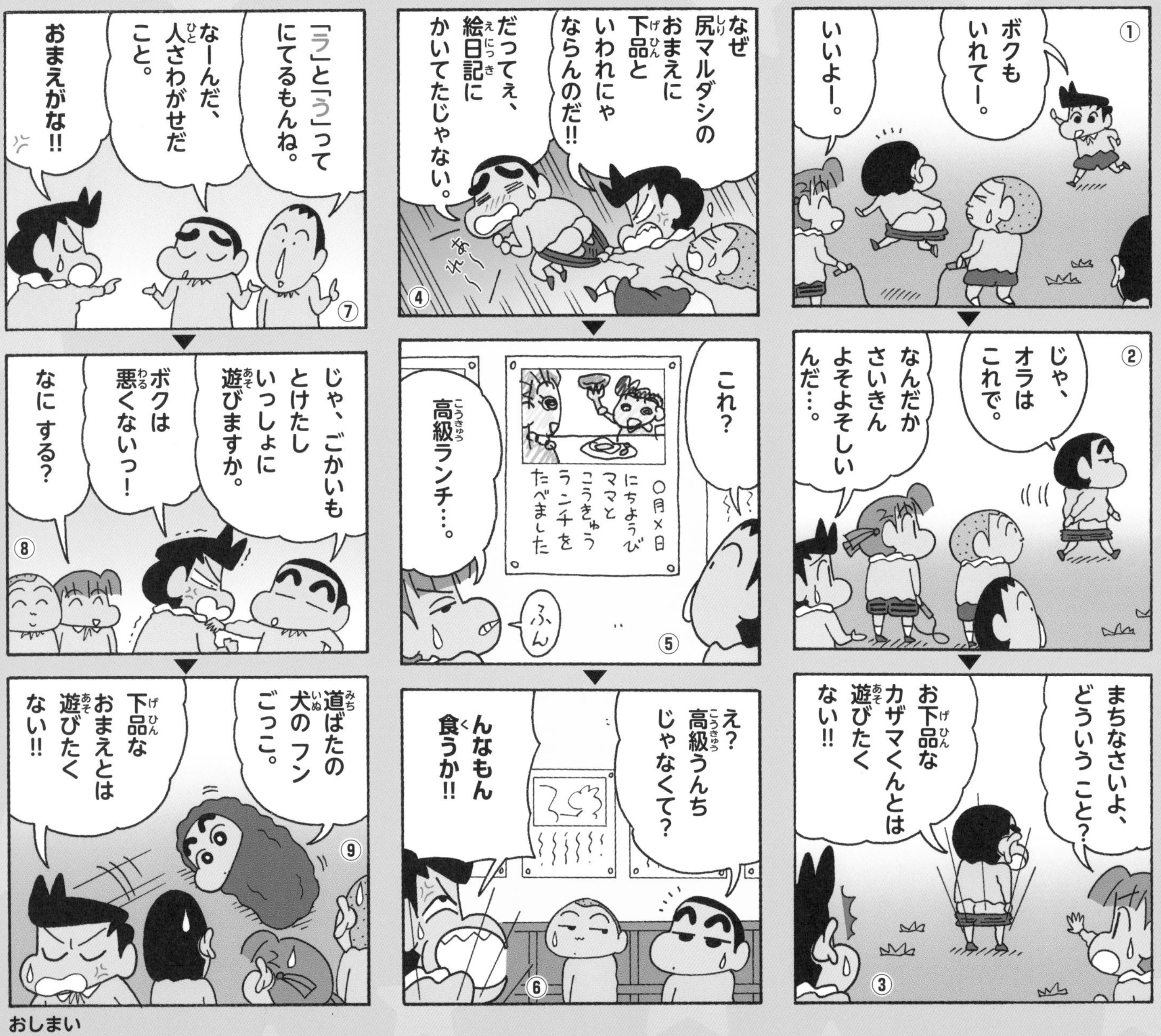

①
ボクもいれてー。
いいよー。
②
じゃ、オラはこれで。
なんだかさいきんよそよそしいんだ…。
③
まちなさいよ、どういう こと？
お下品なカザマくんとは遊びたくない!!
④
なぜ尻マルダシのおまえに下品といわれにゃならんのだ!!
だってぇ、絵日記にかいてたじゃない。
あ～れ～
⑤
これ？
○月×日 にちようび ママと こうきゅう ランチを たべました
高級ランチ…。
ふん
⑥
え？高級うんちじゃなくて？
んなもん食うか!!
⑦
「ラ」と「う」ってにてるもんね。
なーんだ、人さわがせだこと。
おまえがな!!
⑧
じゃ、ごかいもとけたしいっしょに遊びますか。
ボクは悪くないっ！
なに する？
⑨
道ばたの犬のフンごっこ。
下品なおまえとは遊びたくない!!

おしまい

1 ひらがなの たしかめ

月（がつ）　日（にち）　よう日（び）

① えに あう ことばを えらんで、せんで むすびましょう。

① 
・いえ
・りえ

② 
・ほね
・はね

③ 
・さかた
・さかな

② ことばに なる ひらがなを [ ] から えらんで、□に かきましょう（おなじ ひらがなは 一（いっ）かいしか つかえません）。

ぬ　ね　め　れ　わ

① い□
② お□ん
③ □こ
④ に□とり
⑤ □んこん

きょうも よく がんばったぞ！ ここに ぶりぶりシールを はろう

よし、これからも ガンバロー。

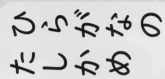

1-2 かたかなの たしかめ

月 日 よう日

① 正しい ほうの ことばを ◯ で かこみましょう。

① シロ ／ ツロ

② ネクタイ ／ ネタクイ

③ ヤメラ ／ カメラ

④ メロン ／ ナロン

② ことばに なる かたかなを □ から えらんで、□に かきましょう（おなじ かたかなは 一かいしか つかえません）。

アソマルレン

① コ□ラ

② □イク

③ □モン

④ ミ□ク

⑤ マラ□□

きょうも よく がんばったぞ！ ここに ぶりぶりシールを はろう

どうでしょう？ 寒中水泳 やって みませんか？

1 3 ひらがなと かたかな①

月がつ　日にち　よう日び

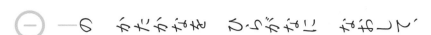

① ―の　かたかなを　ひらがなに　なおして、（　）に　かきましょう。

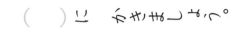

①のリ（　）　②カさ（　）

③おヤつ（　）　④おんセん（　）

よーく
見みくらべよう！

② 正ただしい　ほうの　ことばを　⬭で　かこみましょう。

お子こさま｛ランチ／ウンチ｝の　なかみは、

｛ミニトマト／ミにトマト｝と｛オムらイス／オムライス｝だった。

きょうも　よく　がんばったぞ！　ここに　ぶりぶりシールを　はろう

あーー、おいしかった。

1 4 ひらがなと かたかな②

月 日 よう日

1 つぎの ことばを すべて ひらがなに なおして、□に かきましょう。

① うキわ

② サつまいモ

③ コウえん

ひらがなと かたかなが まざって いるぞ！

2 つぎの ことばを すべて かたかなに なおして、□に かきましょう。

① かラオけ

② こンせント

③ らむネ

きょうも よく がんばったぞ！ ここに ぶりぶりシールを はろう

しん様、今度の お休み、よろしければ あいと デートして くださらない？

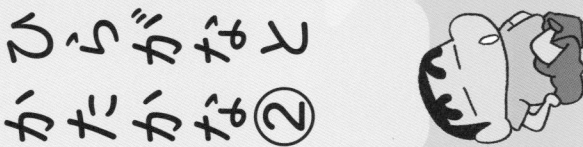

ことばパズル 1

ひらがなだけを　とおって、ゴールまで　すすもう！

とおった　じゅんばんに　ひらがなを　よんで、
できる　ことばを　□に　かこう！

たー？
かたかなが ある みちは とおれないゾ！
スタート
わ
カ
コ
ヌ
ニ
ひ
ウ
セ
ま
ヤ
ゴール
テ
り
モ
きょうも よく がんばったぞ！
ここに ぶりぶりシールを はろう

② いろいろな ことば

かいもの
メモなら
おまかせ
だゾ!

おつかい おねがい。買うものは…。
まって、メモする。
えっと、トマトと…、
オラが 書く、オラが 書く。
ずるいぞ、父ちゃんばっかり メモとって。
なに いってんだ。
ちかくの スーパー
メモ かして。
ほい。
う…。
ま、まずは トマトだろ…。さゆり? 人の 名前じゃ ねえか。
ぶつ ぶつ
あっ、きゅうりかっ!
なに してんの?
…ママには なにを たのまれたっけ?
メモに 書いて あるでしょ。
父ちゃん、字を わすれ ちゃったの?
あはは…。
きたなくて よめないんだよ。
ぷ。
んも~、じゃ でんわ すれば?
それだ!!
れろ れろ。
ひろしの スマホは 家に あった。
やだ、なめちゃ ダメよ!

おしまい

小(ちい)さい 字(じ)の つく ことば①

月(がつ)　日(にち)　よう日(び)

① 正(ただ)しい ほうの ことばを （　） で かこみましょう。

①

しやしん
しゃしん

②

きゆうり
きゅうり

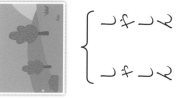

③

ちょう
ちよう

④

ひよこ
ひょこ

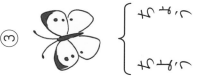

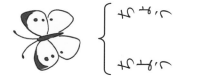

⑤

にっき
につき

⑥

せつけん
せっけん

⑦

らっかせい
らつかせい

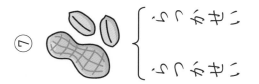

⑧
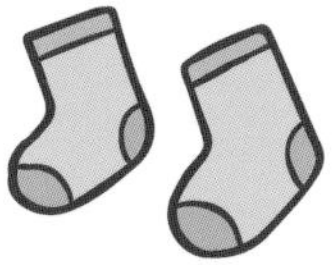
くっした
くつした

こえに 出(だ)して よむと いいゾ！

きょうも よく がんばったぞ！ ここに ぶりぶりシールを はろう

ファインダーを のぞいて いると、ちがった 世界(せかい)が 見(み)えて 楽(たの)しいんだ。

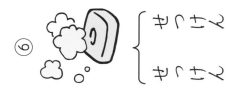

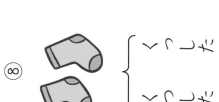

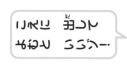

小(ちい)さい 字(じ)の つく ことば②

2-2

月(がつ)　日(にち)　よう日(び)

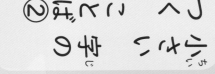

① □に あう ひらがなを かきましょう。

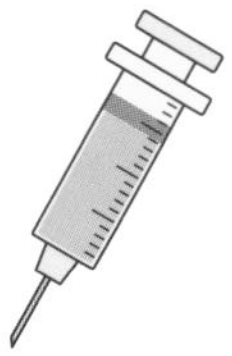

①ち□うしゃ

②さんりんし□

③うち□う

④は□けん

※ヒント…あたらしい ものを 見(み)つける ことだよ。

⑤か□こいい

⑥ひ□こし

※ヒント…ほかの いえに うつる ことだよ。

小(ちい)さい 字(じ)は、ますの 右上(みぎうえ)に かこうね!

きょうも よく がんばったぞ! ここに ぶりぶりシールを はろう

だから 言(い)ったろ!! まず 基本(きほん)を しっかり おぼえなければ 必殺技(ひっさつわざ)など できぬ!!

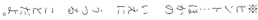

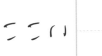

2-3

「゛」「゜」の つく ことば①

月　日　よう日

1 えに あう 文（ぶん）に なるように、□の ひらがなに
「゛」や 「゜」を つけましょう。

① けんき よく
シロの さんほ へ
しゅっはつ する。

② ふとう と
りんこ を
かこ に 入（い）れて はこぶ。

きょうも よく がんばったぞ！ ここに ぶりぶりシールを はろう

ぐずぐずしてる 時間（じかん）は ないわ!!

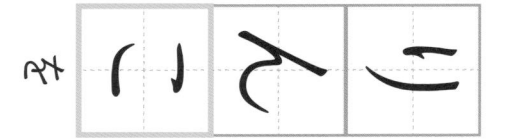

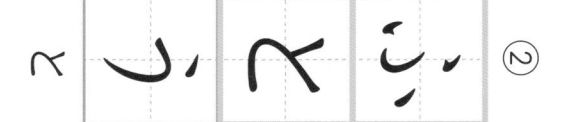

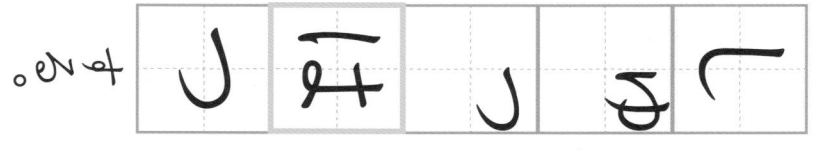

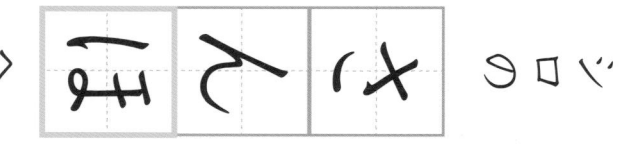

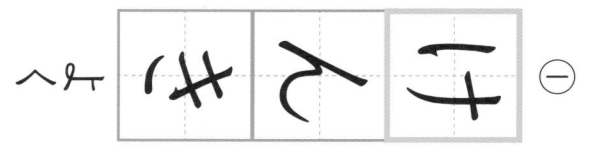

2-4

「゛」「゜」の つく ことば②

月(がつ) 日(にち) よう日(び)

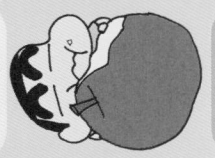

① →や ↓の ほうこうに よむと えに あう ことばに なるように、□に ひらがなを かきましょう。

「゛」は どこに かくんだっけ？
①
て
つ
う
う
し
②
だ
ん
は
せ
ん
い
③
お
に
り
ゅ
う
に
ゅ
う
ん
ん
よこがきの ときは、小(ちい)さい 字(じ)は 左下(ひだりした)に かくゾ！
きょうも よく がんばったぞ！ ここに ぶりぶりシールを はろう

れー？

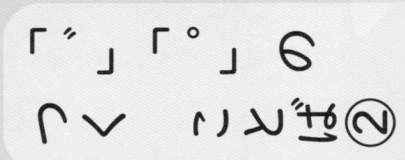

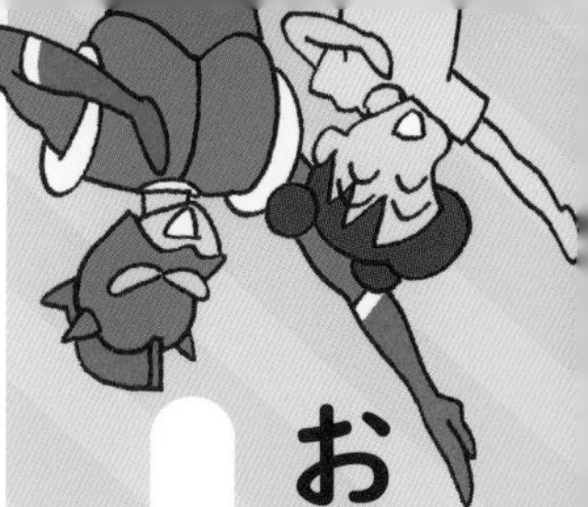

おさらいテスト①

４～14ページの　おさらいだゾ！

がつ
月　　にち
日

てん

① 正(ただ)しい　ほうの　文(ぶん)に　○を　つけましょう。 20てん

（　　）マラカスを　ならして、
ぶりぶりざえもんを　よぶ。

（　　）マラかスを　ならして、
ぶりぶりざえもんを　よぷ。

② ［　　］の　文字(もじ)を　つかって、えに　あう　ことばを
つくりましょう。 1もん　20てん

①

②

③

④

モ　か　き　コ　ぐ　ん　ぱ　り
つ　っ　ン　ょ　が　な　ぎ

ひらがなとかたかな、
文字(もじ)の違(ちが)いをよく確(たし)かめるのよ！

きょうも　よく　がんばったぞ！
ここに
ぶりぶり
シールを
はろう

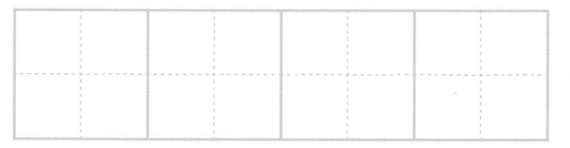

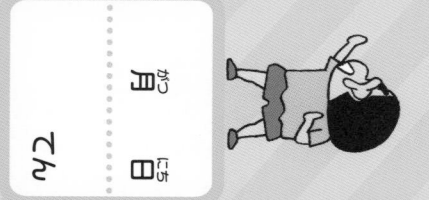

3 かなづかい

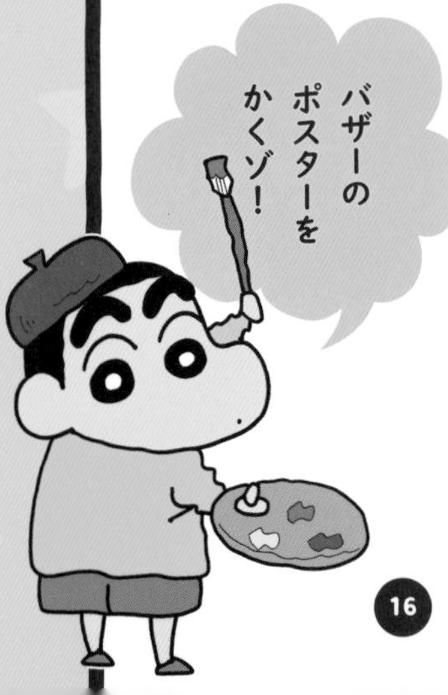
バザーの
ポスターを
かくゾ!

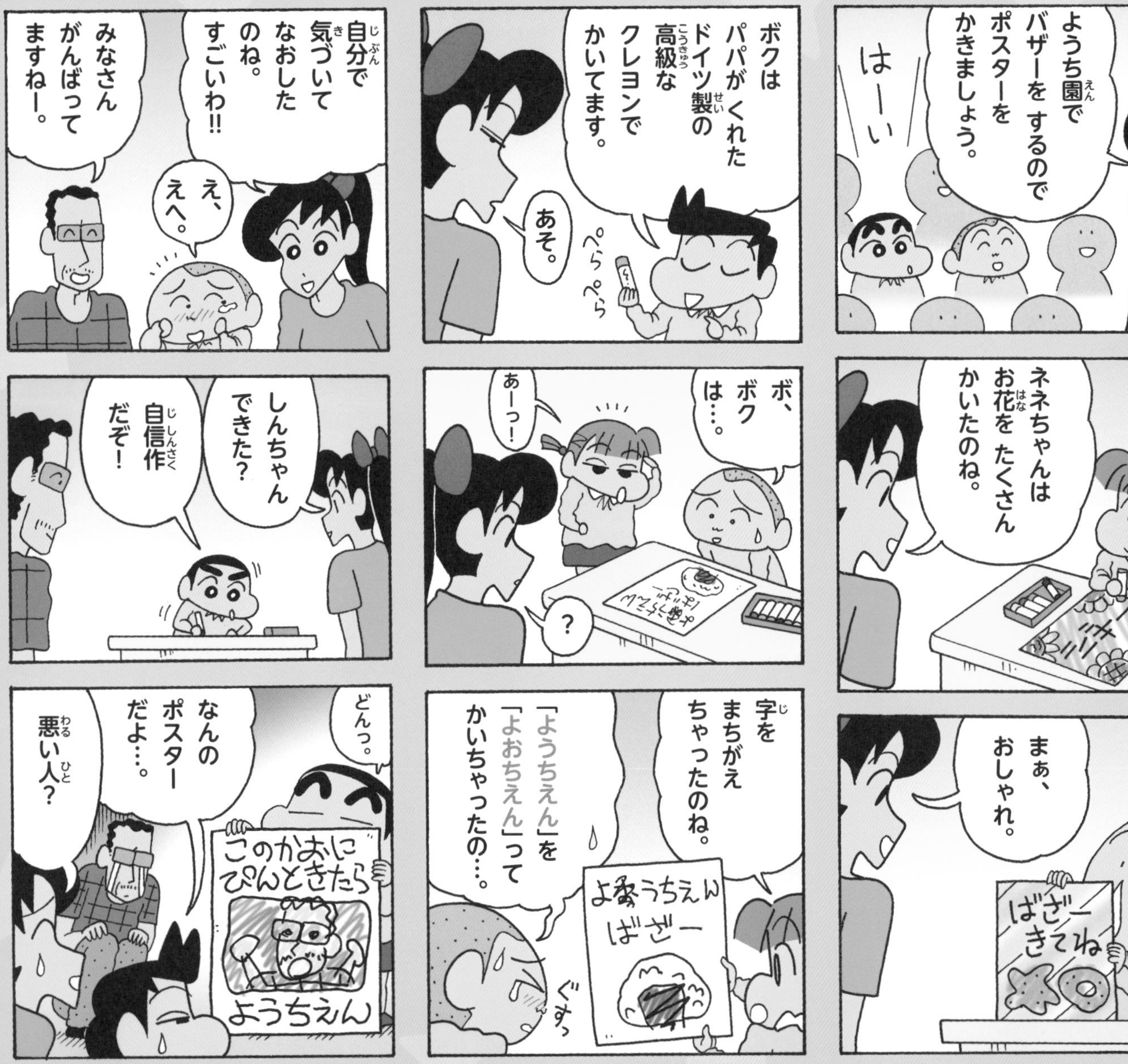
ようち園でバザーをするのでポスターをかきましょう。
はーい
ネネちゃんはお花をたくさんかいたのね。
ボ。
まぁ、おしゃれ。
ばざー きてね
ボクはパパがくれたドイツ製の高級なクレヨンでかいてます。
ぺらぺら
あそ。
ボ、ボクは…。
あーっ!
?
よおうちえん ばざー
字をまちがえちゃったのね。
「ようちえん」を「よおちえん」ってかいちゃったの…。
ぐすっ
自分で気づいてなおしたのね。すごいわ!!
え、えへ。
みなさんがんばってますねー。
しんちゃんできた?
自信作だぞ!
このかおにぴんときたら ようちえん
どんっ。
なんのポスターだよ…。
悪い人?

おしまい

3-1 かなづかい①

月　日　よう日

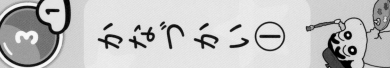

① 正しい　ほうの　ことばを　（　）で　かこみましょう。

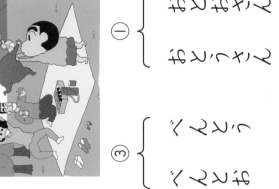

① おとおさん／おとうさん

② せんせい／せんせえ

③ べんとう／べんとお

④ ようちえん／よおちえん

② □に　｛あ　い　う　え　お｝の　どれかを　かいて、ことばを　つくりましょう（おなじ　ひらがなは　一かいしか　つかえません）。

① こ□り

② おか□さん

③ とけ□

④ おね□さん

⑤ すも□

きょうも　よく　がんばったぞ！　ここに　ぶりぶりシールを　はろう

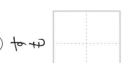

えー、本日の　職員会議の　議題は　『カゼから　子どもたちを　守るために　何を　なすべきか』です。

3-2 かなづかい②

月　日　よう日

① つぎの ―の 字は まちがって います。正しい 字を かきましょう。

れい ぢてんしゃ → じ

① そこぢから

② かんずめ

③ みづぎ

② □に あう ひらがなを ［　］から えらんで かきましょう。

［ず　づ］

① み□たまりに 気□く。

［じ　ぢ］

② お□いちゃんが はな□を 出す。

きょうも よく がんばったぞ！ ここに ぶりぶりシールを はろう

カゼ ひかないようにね。

ことばパズル②

正(ただ)しい　かなづかいを　さがそう！

あいて　いる　ばしょに　あてはまる　ことばを
えらんで　かきましょう。

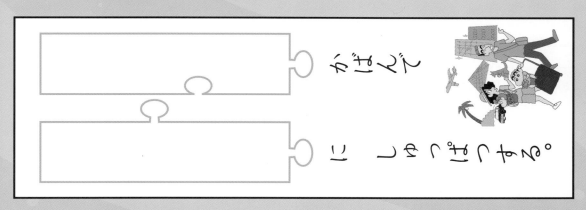

かばんで　[　　][　　]　に　しゅっぱつする。

本(ほん)の　[　　]　に　[　　]　を　よむ。

おおきな　しづか　おうきな　りょこお　りょこう　つづき　しずか　つずき

正(ただ)しい　ものを
えらぶのだ！

きょうも　よく　がんばったぞ！
ここに　ぶりぶりシールを　はろう

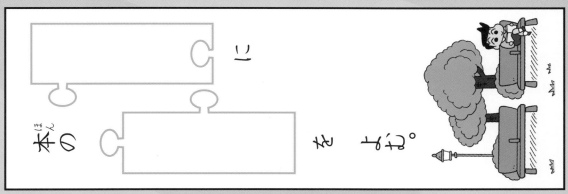

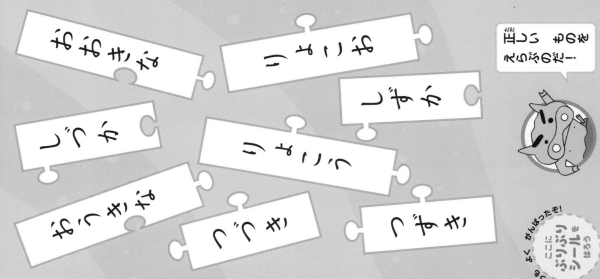

④ 名まえを あらわす ことば

くるりんスシ
とうとう来たわ。
まわるすし!!
福引で当たった無料券でやってまいりました!!
しーーっ!
いちいちいわなくていいから。
ウィーン
いらっしゃいませ
注文はタッチパネルだな。
オラにやらせてー。
ちゃわんむし食べたいな。
まぐろ、サーモン たまご、いくら タコに イカ!! デザートまで あるのね～。
ポポポッ
おいおい、食べられる ぶん だけに するんだぞ。
タダだけど、残した ぶんは お金 かかるから。
えー、さいしょに いってよぉ。
どーーん
おまたせしました。
ほーら。
とにかく食え!! 満腹と感じる 前に どんどん いけっ!
がっ がっ
もぐもぐ
もご もごっ。
へ?
20分ご
な、なんとか いけたな。
もう お米 ひとつぶ 入らない…。
うぷっ。
デザートの 特大おだんごです。
むり。
がしゃっ

おしまい

おすしを たべに いくゾ!

4-1 ことばあそび

月 日 よう日

① しりとりに なる ように、□に あう ひらがなを かきましょう。

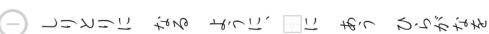

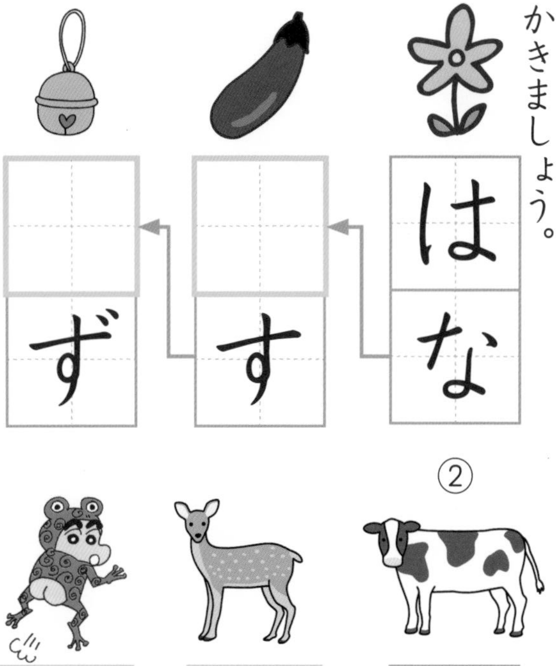

① はな → □す → □ず

② う□ → □□ → □える

② 一文字（ひともじ） たして、えに あう ことばに へんしんさせましょう。

かた

うえに たす：□かた

したに たす：かた□

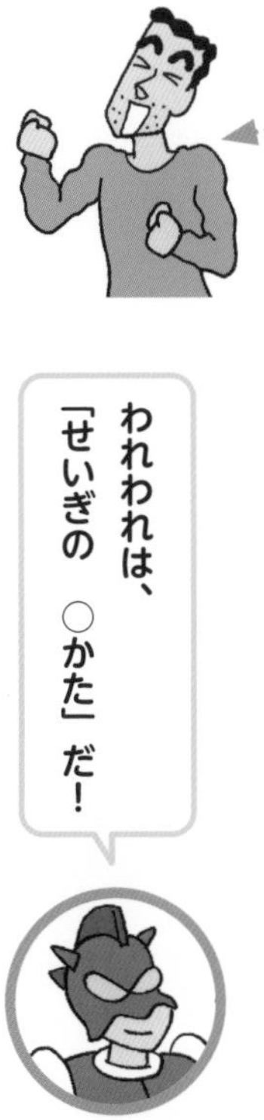
われわれは、「せいぎの ○かた」だ！

きょうも よく がんばったぞ！
ここに ぶりぶりシールを はろう

私（わたし）は 1日（にち） 3時間（じかん）しか 働（はたら）けないのだ。

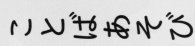

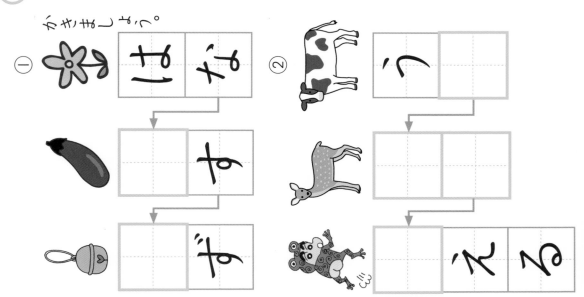

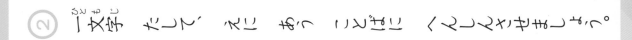

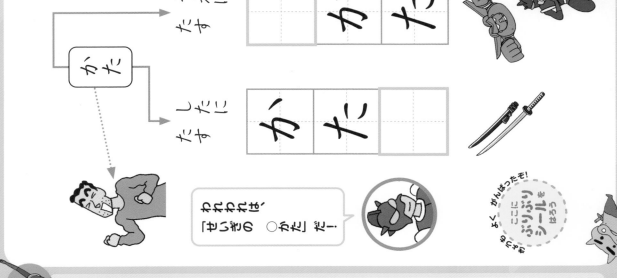

4-2

名(な)まえを　あらわす　ことば①

月(がつ)　日(にち)　よう日(び)

① えに　あう　ことばに　なるように、ひらがなを　せんで　むすびましょう。□には　あてはまる　ひらがなを　かきましょう。

れい	は	た	ち
①	ほ	ま	ら
②	あ	ぐ	て
③	い	な	□
④	ま	□	ご

おすしやさんで　たべられる　ものの　名(な)まえね！

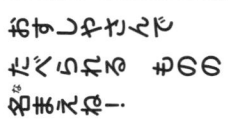

きょうも　よく　がんばったぞ！　ここに　ぶりぶりシールを　はろう

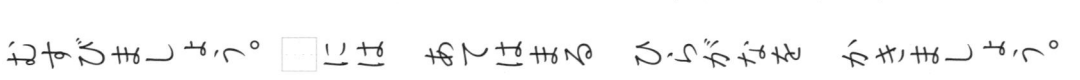

夜食(やしょく)でも　食(く)うか。

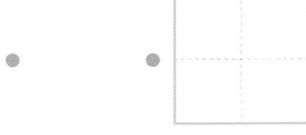

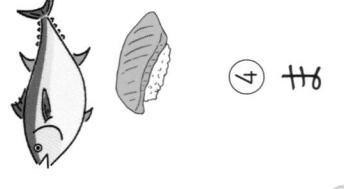

名まえを　あらわす　ことば②

月　日　ようび

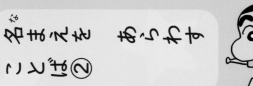

① きょうかの　名まえを　さがして　⬭で　かこみましょう。
みつけた　きょうかの　かずを　□に　かきましょう。

つ		ち	ず		た	け
ば	お		こ	く	い	ん
さ	ん	す	う		い	
	が	す		こ	く	ご
に	く		あ	め		ま

たてや　よこに
よんで、
ことばを
さがすのよ！

一つめは、
とちゅうまで
かこんで
あるわね。
「たいい…」

きょうかの　名まえの　かず　□

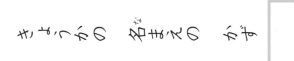

きょうも　よく　がんばったぞ！
ここに
ぶりぶり
シールを
はろう

4-4 名(な)まえを　あらわす　ことば③

月(がつ)　日(にち)　よう日(び)

1 つぎの　文(ぶん)に　あう　ことばに　なるように、せんで　むすびましょう。□には　あてはまる　ひらがなを　かきましょう。

① あさに　たべる　しょくじ。　…あさ　・　　・だな

② ひるまに　ねむる　こと。　…ひる　・　　・ごはん

③ 本(ほん)を　しまう　たな。　…ほん　・　　・ご□

④ ごみを　すてる　はこ。　…ごみ　・　　・えんぴつ

⑤ いろいろな　いろで　かける　えんぴつ。　…いろ　・　　・□

⑥ いえの　そとで　犬(いぬ)を　かう　ための　こや。　…いぬ　・　　・□こ

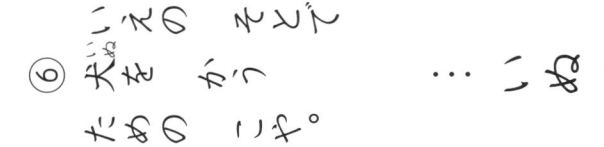

二(ふた)つの　ことばが　くっついた　名(な)まえを　あらわす　ことばだぞ！

きょうも　よく　がんばったぞ！
ここに　ぶりぶりシールを　はろう

いけない。もうすぐ　じゅくが　始(はじ)まっちゃうよ。

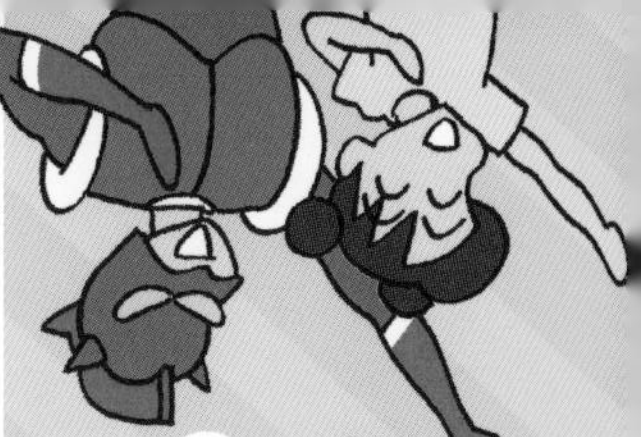

おさらいテスト②

16～24ページの　おさらいだゾ！

月　日

てん

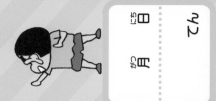

① あげお先生が　はずした　ものを
□に　かきましょう。（20てん）

② ｛　｝の　どちらかの　字を□に　かいて、
正しい　文を　つくりましょう。（1もん 20てん）

①｛う・お｝お□さまの　お□きな　いす。

②｛い・え｝おね□さんと　え□がに　いく。

③｛じ・ぢ｝き□が　ち□む。

④｛ず・づ｝かん□めを　すこし□つ　たべる。

ひらがなの使い分けを
確かめるのよ！

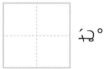

きょうも　よく　がんばったぞ！
ここに　ぶりぶりシールを　はろう

5 かたかなで　ことば　かく

ゆかいな
チー〇〇くんだゾ！

ワイ
ワイ
おい、ひまわり組!! この場所は今からばら組のものだ!!
えーと、たしか…。ティーチャー河村さん？
ちげーよ。オレは先生じゃねー。
ああ、ヒーハー山田くんだ!!
ひさしぶり
ヒーハーってブラマヨかよ!!
ヒントは「チー〇〇」くん。
ち…、チーカマくん？
いるか？ そんなやつ。
やだ、本当に忘れちゃったの？
あだ名がどうぶつだよ。
とくちょうをよく見ろ。
ライオンか!!
見ろよ!! …でも近づいた!!
はいはい!! パンダね!!
わりっ
はなれた!! 白黒じゃないだろ…。
黄色と黒で速いうごきの…。
ミツバチ？
どうぶつってんだろ!!
タイガース？
それ野球チーム。
おい、チーター あそぶ時間もうないぞ…。
だれそれ。
オレ様だ!!
チーター河村!!

おしまい

5-1 かたかなで　かく　ことば①

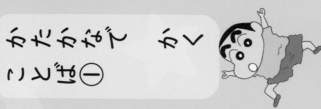

① 正しい　ことばを　（　）で　かこみましょう。

①
リボソ　いボン　リボン

②
パンキ　パンチ　バンチ

③
ビイム　ヒイム　ビーム

④
パジャマ　パジヤマ　パジャア

⑤
ジュース　ジュウス　ジユース

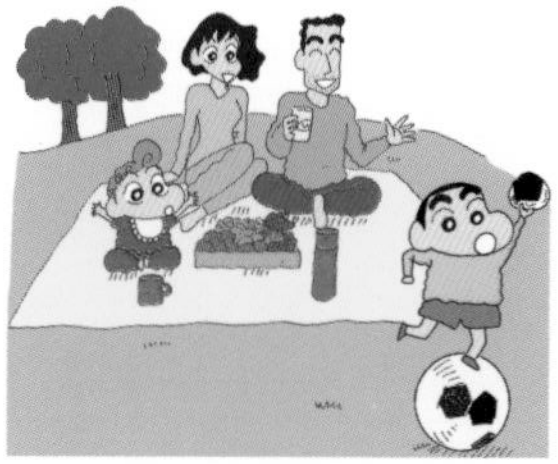

⑥
ピクニツク　ピクニック　ビクニック

⑦
サッカー　サツカー　サツカア

のばす　音は、かたかなでは
「ー」を　つかって　あらわすのよ！

きょうも　よく　がんばったぞ！
ここに　ぶりぶりシールを　はろう

5-2

かたかなで かく ことば②

月(がつ)　日(にち)　よう日(び)

① ［　］から かたかなで かく ことばを えらんで、［　］に かたかなで かきましょう。

ぜんぶで 六(むっ)つ あるわよ！

しゅうくりいむ　ようふく
えんぴつ　らいおん
ふらいぱん　れいんこおと
ぶろっこりい　ぽっぷこおん

しんのすけに ケーキでも 買(か)ってってやるか。

よく がんばったぞ！ ここに ぶりぶりシールを はろう

ことばパズル3

かたかな　かけるカナ？

えに　あう　かたかなを　□に　かいて、
人（ひと）の　名（な）まえを　かんせいさせよう！

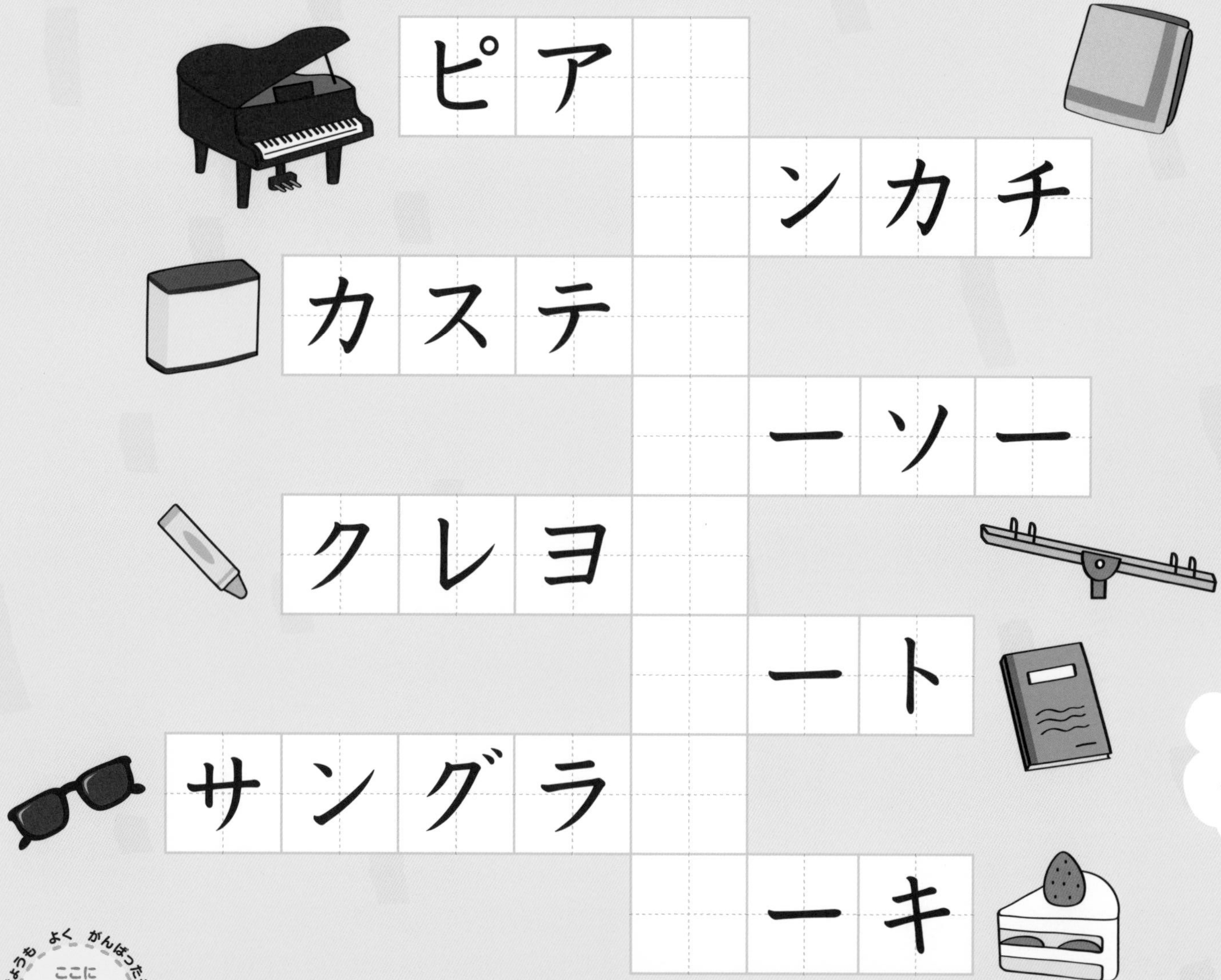

ピア
ンカチ
カステ
ーソー
クレヨ
ート
サングラ
ーキ

ヒントは
オラだぞ！

きょうも　よく　がんばったぞ！
ここに
ぶりぶり
シールを
はろう

6 うごきを　あらわす ことば

おうちに
ひとりきり
だゾ！

ひまわりの
カゼ薬(ぐすり) もらって
くるね。
パパが 帰(かえ)るまで
とじまり よろしく。
ほーい。
カチャ
ふふっ。
おうちには
オラ
ひとり〜♪
くるくる
なにを
してても
オラひとり〜♪
チョコビ
たべる♪
ザー
ジュース
のむ〜♪
ぐびびっ
尻(しり)も 100かい
ふりまわす〜♪
ぶんぶん
ぶんぶん
父(とう)ちゃんの
おでむかえの
じゅんび
しときましょ。
ピンポーン
はーい、
あなたぁ。
いま あける
わ〜ん♡
てんてーん
や。
ななこちゃんと
そこで
会(あ)ってさ…。
いやあ
あぁっ!!
私(わたし) なにも
見(み)て ないよ。
たしかに
見(み)て なかった
ダイジョーブ!!
おしまい

6-1 うごきを あらわす ことば①

月　日　よう日

① 上の 文に あう ことばを せんで むすびましょう。

① ごはんを ●　　● きる。
② ふとんで ●　　● あるく。
③ どうろを ●　　● ねる。
④ はさみで ●　　● ふく。
⑤ ふえを ●　　● たべる。

一つずつ
くみあわせて
たしかめるのだ！

② えに あう 文に なるように、□に ひらがなを かきましょう。

① ノートに 字を □□ く。

② ともだちに 手を □□ る。

ここに ぶりぶりシールを はろう
きょうも よく がんばったぞ！

う、うん!! 私 がんばる!!

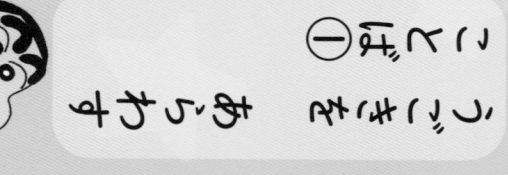

6-2 うごきを　あらわす　ことば②

月　　日　　よう日

①　上の　文に　あう　ことばを　(　)で　かこみましょう。

①　ミルクを｛たべる。／のむ。｝

②　パンを｛やく。／うつ。｝

③　ボールを｛なげる。／ひらく。｝

④　本を｛よむ。／きく。｝

②　文に　あう　ことばを　□　から　えらんで　かきましょう（おなじ　ことばは　一かいしか　つかえません）。

①　しんちゃんが　三りん車に　□。

②　みさえが　カレーを　□。

③　ネネちゃんが　ぬいぐるみで　□。

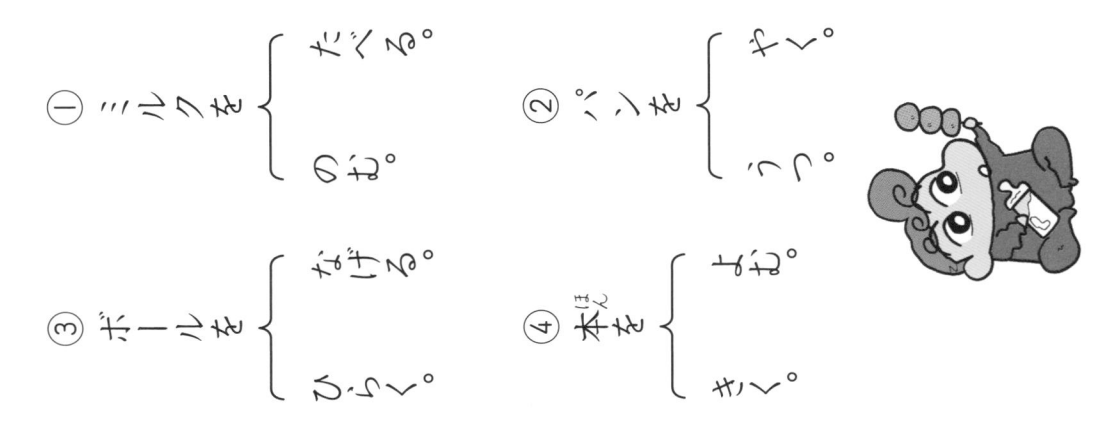

あそぶ　　つくる　　のる　　出る

きょうも　よく　がんばったぞ！　ここに　ぶりぶりシールを　はろう

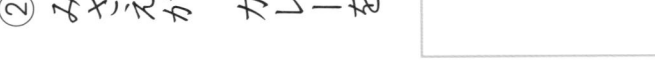

ねえ、あとで　サッカー　やろーよ。

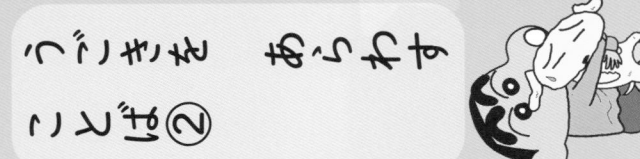

6-3 うごきを　あらわす　ことば③

月（がつ）　日（にち）　よう日（び）

① えに　あう　ことばを　□　から　えらんで　かきましょう。

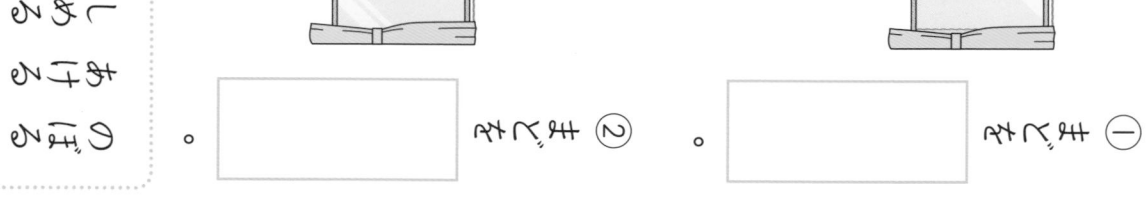

① まどを　[　　　]。

② まどを　[　　　]。

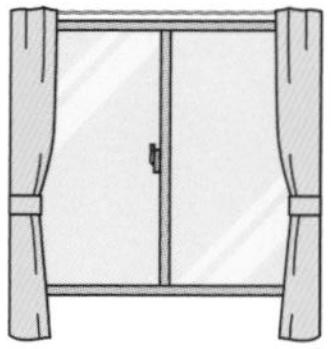

③ かいだんを　[　　　]。

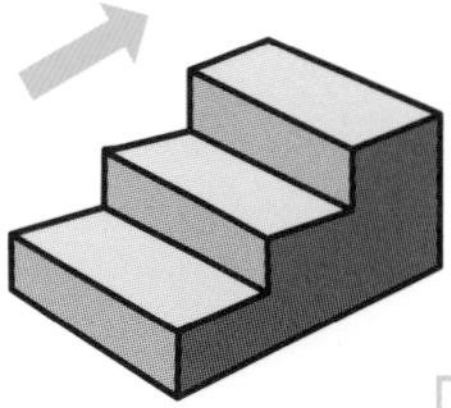

④ かいだんを　[　　　]。

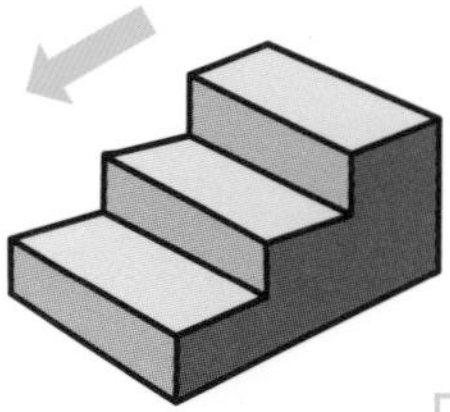

のぼる　あける　しめる　おりる

② 上（うえ）の　文（ぶん）に　あう　ことばを　せんで　むすびましょう。

① シャツを　・　　・せおう。
② ズボンを　・　　・きる。
③ ぼうしを　・　　・かぶる。
④ リュックを　・　　・はく。

きょうも　よく　がんばったぞ！　ここに　ぶりぶりシールを　はろう

ぶーん　ぶーん!!

6-4 うごきを あらわす ことば④

月(がつ)　日(にち)　よう日(び)

① 二(ふた)つの ことばを くみあわせて、一(ひと)つの ことばを つくりましょう。

れい なげる ＋ 出(だ)す ＝ なげ出(だ)す。

① なげる ＋ 入(い)れる ＝ 　　　。

② なげる ＋ すてる ＝ 　　　。

③ なげる ＋ かける ＝ 　　　。

② 二(ふた)つの ことばを くみあわせて、一(ひと)つの ことばを つくりましょう。

れい うつ ＋ 上(あ)げる ＝ うち上(あ)げる。

① ふる ＋ まわす ＝ 　　　。

② おる ＋ たたむ ＝ 　　　。

③ まぜる ＋ あわせる ＝ 　　　。

よく がんばったぞ! ここに ぶりぶりシールを はろう

やんなら やったるぜ、おらあっ!!

おさらいテスト③

26〜34ページの　おさらいだゾ！

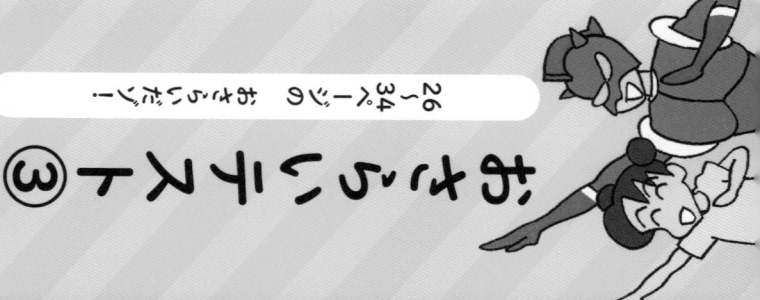

月(がつ)　日(にち)

てん

① つぎの　ことばを　かたかなで　かきましょう。　1もん　12てん

① ぴいまん

② りゅっくさっく

③ そふとくりいむ

② 上(うえ)の　文(ぶん)に　あう　ことばを　◯で　かこみましょう。　1もん　16てん

① じてんしゃを　{こぐ。／のる。}

② パンツを　{へる。／ぬぐ。}

③ てを　{たたく。／はしる。}

④ うたを　{うたう。／わらう。}

言葉(ことば)の意味(いみ)を
よく考(かんが)えようね。

きょうも　よく　がんばったぞ！
ここに
ぶりぶり
シールを
はろう

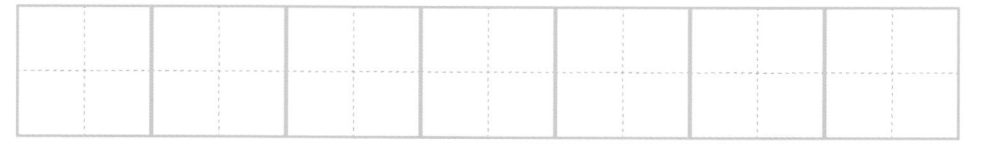

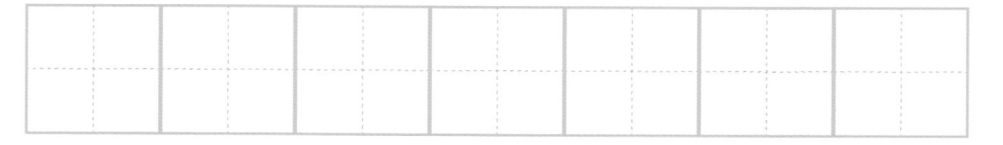

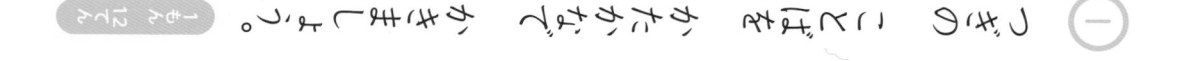

7 ようすを あらわす ことば

おとしものを
見つけるゾ！

あれ…。
おねいさん、なにかおこまりですか？
ポ♡
おとしものしちゃって…。
オラ ちょうど さがしもの したくて くねくね してたんですっ。
うずうずだろ。
みんなで みつけましょ。
かすかべ ぼうえい隊 ファイヤー!!
やさしいのね。
うるっ
あっ、なにをおとしたの？
コアラのキーホルダーよ。大きい リボンが ついてて かわいいの。
カザマくんの命に かけてでも見つけてみせます!!
自分のをかけろ!!
むり しないで…
キーホルダーちゃーん、でておいでー。
気合い入ってるね。
ボ。
お
ありがとうっ。うれし～～!!
うひょーっ♡
よっぽど 大切なものだったのね。
うんっ。
はじめて 彼に もらった プレゼント ですもの♡
はかない恋だった。
ちーん

おしまい

7-1 くりかえし ことば

(1) えに　あう　ことばを　◯で　かこみましょう。

① 
にこにこ
もくもく

② 
くねくね
そよそよ

③ 
ぴょんぴょん
ごしごし

人や　ものの
ようすを
あらわして
いるぞ！

(2) 文に　あう　ことばを　[　]から　えらんで　かきましょう。

① ボーちゃんの　はな水が　[　　　]して　いる。

ぶらぶら　　きょろきょろ

② 雨が　[　　　]ふる。

しとしと　　つるつる

きょうも　よく　がんばったぞ！　ここに　ぶりぶりシールを　はろう

きょう　ちらかした　ものは　きょう　かたす!!　あたりまえの　ことでしょ!!

7-2 ようすを あらわす ことば①

月　日　よう日

① 上の ことばに あう ことばを せんで むすびましょう。

① あつい ●	● スープ
② かわいい ●	● シャツ
③ あおい ●	● あかちゃん
④ ひろい ●	● きょうしつ

上の ことばが、下の ものの ようすを くわしく して いるのね。

② 文に あう ことばを [ ] から えらんで かきましょう（おなじ ことばは 2かいしか つかえません）。

① [　　　] ジュースを のむ。

② [　　　] みちを すすむ。

③ [　　　] こころの もちぬし。

まっすぐな　つめたい　やさしい

ここに ぶりぶりシール を はろう

よく がんばったぞ!

だいじょぶか？

7-3 ようすを　あらわす　ことば②

月　日　よう日

① 上の　ことばに　あう　ことばを　せんで　むすびましょう。

① にっこり　・　　・　はまる

② はっきり　・　　・　わらう

③ ぴったり　・　　・　ねむる

④ ぐっすり　・　　・　わかる

上の　ことばが、
下の　うごきの
ようすを　くわしく
して　いるのよ。

② 文に　あう　ことばを　［　］から　二つずつ　えらんで　かきましょう（おなじ　ことばは　一かいしか　つかえません）。

① シロが　｛［　］［　］｝　はしる。

② とじまりを　｛［　］［　］｝　わすれる。

うっかり　　げんきに　　すばやく　　すっかり

きょうも　よく　がんばったぞ！　ここに　ぶりぶりシールを　はろう

やあ、しんのすけくん。

7-4 ようすを あらわす ことば③

月　日　よう日

① 上の えに あう 文に なるように、□から ことばを えらんで かきましょう。

① 車は □。

② 車は □。

赤い　大きな　小さな　白い

② （　）の ことばを どこかに 入れて、文を かんせい させましょう。

れい 花がさく。（きれいな）

きれいな花がさく。

① やきいもをたべる。（あたたかい）

② ちかくのこうえんであそぶ。（ひろい）

きょうも よく がんばったぞ！ ここに ぶりぶりシールを はろう

ことばパズル④

ようすを あらわす ことばを さがせ!

□の すう字の かずだけ 「ようすを あらわす ことば」が あるよ。さがして ◯で かこもう。

れい 3

たべる
（はやい）　でん車
バナナ
はしる　（くらい）
（おいしい）

❶ 2

りんご
パンツ
ながい　えんぴつ
なく　ほそい
ごはん

❷ 4

せんろ
どんどん　すわる
ライオン
りっぱな　のぼる
むずかしい
テレビ　きらきら
田んぼ

❸ 6

くさい
きれいな
ねこ　セーター
はげしい
まるい　おにぎり
ころころ　くつ下
はずかしい

もののの 名まえを くわしく する ことばと、うごきを くわしく する ことばが ありますよ。

きょうも よく がんばったぞ! ここに ぶりぶりシールを はろう

8 なかまの　ことば

もしもの
そなえは
たいへん
ダゾ！

もしもの 時のために そなえよう。
そなえるって？
じゅんびするってことよ。
持ち出しぶくろをつくろう。
ひつようなものをあつめましょ。
ブ・ラジャ。
たっ。
なによりも水ね。
ひまわりのミルクと食べ物と…。
ジュースとプリンと…。
れいぞうこ
だめ。
アクション仮面のおパンツは？
着るものはひつようね。
ひまはきらきらコレクションか。
それママのアクセサリー。
たいのっ。
シャツにくつ下にズボンに〜。
マスクと長ぐつ…、レインコートもいるかしら。
野原さーん回らん板…。
かいらんばん
足りないものは買いにいきましょ。
にもつをまとめてる…まさか…!!
お引っこしするんですって？
遠くへいってもお手紙ちょうだいね。
?
?
おしまい

8-1 ことばの なかまわけ

月（がつ）　日（にち）　よう日（び）

⑴ つぎの なかまの ことばを □ から えらんで かきましょう（ことばは ぜんぶ 一（いっ）かいずつ つかいます）。

① たべもの

② のみもの

③ どうぶつ

④ みに つける もの

ジュース　ねこ　マスク　みかん
ケーキ　キリン　シャツ　ミルク
くつ下（した）　水（みず）　ズボン　ライオン

きょうも よく がんばったぞ! ここに ぶりぶりシールを はろう

おもしろそうですわん。

8-2 にた いみの ことば

月　日　よう日

① 上の 文の ――の ことばと にた いみの ことばを せんで むすびましょう。

① いえに かえる。　・　　・ おそろしい

② あめが やむ。　・　　・ あがる

③ ボールを つかむ。　・　　・ もどる

④ みさえが こわい。　・　　・ とる

② ――の ことばと にた いみの ことばを □ から えらんで かきましょう。

① 学校の ちかくに ある こうえん。
[　　　　]

② うつくしい 花を プレゼントする。
[　　　　]

③ ごはんを たくさん たべる。
[　　　　]

みにくい
すこし
きれいな
いっぱい
とおく
そば

きょうも よく がんばったぞ! ここに ぶりぶりシールを はろう

ギャン　ギャン　ギャン。

8-3 はんたいの いみの ことば①

月　日　よう日

① 上の ことばと はんたいの いみの ことばを せんで むすびましょう。

① なか　・　　・ うしろ
② まえ　・　　・ そと
③ 左　・　　・ 大
④ 小　・　　・ 右

② ――の ことばと はんたいの いみの ことばを □ から えらんで かきましょう。

① ドアを あける。 [ ]
② トイレに 入る。 [ ]
③ パンツを 下ろす。 [ ]

上げる　しめる　ぬく　出る

さて、朝食つくろっと。

きょうも よく がんばったぞ! ここに ぶりぶりシールを はろう

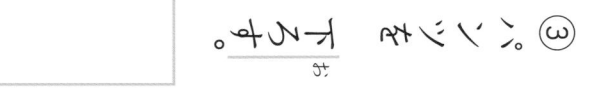

8 4

はんたいの いみの ことば②

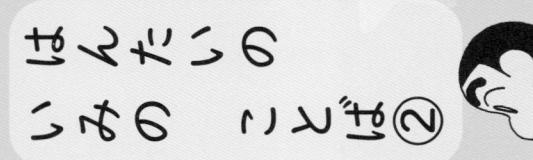

月（がつ） 日（にち） よう日（び）

① はんたいの いみの ことばを ◯ で かこみましょう。

① はやい ― おそい / まるい

② あかるい ― ぬるい / くらい

③ あたらしい ― ふるい / あたらしくない

「～ない」を つけた だけで、はんたいの いみの ことばと いえるのかな？

② はんたいの いみの ことばを □ から えらんで かきましょう。

① やわらかい ↔ □

② せまい ↔ □

③ よわい ↔ □

④ 大（おお）きい ↔ □

つよい　小（ち）さい　ひろい　かたい　わかい

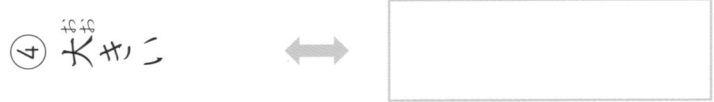

きょうも よく がんばったぞ！ ここに ぶりぶりシールを はろう

おさらいテスト④

36〜46ページの　おさらいだゾ！

月（がつ）　日（にち）

てん

①

文（ぶん）に　あう　ことばを　［　］から　えらんで　かきましょう。　1もん　15てん

① ひまわりが　［　　　］　そだつ。

② シロの　からだは　［　　　］。

③ ネネちゃんが　［　　　］　わらう。

④ とうちゃんは　オラより　せが　［　　　］。

- たかい
- 白（しろ）い
- すくすく
- にこにこ

②

二（ふた）つの　ことばが　にた　いみの　ものには　〇を、はんたいの　いみの　ものには　×を　かきましょう。　1もん　10てん

① （　　）｛たつ／すわる｝

② （　　）｛くるしい／つらい｝

③ （　　）｛うるさい／さわがしい｝

④ （　　）｛しずむ／うく｝

二（ふた）つの言葉（ことば）を　セットで覚（おぼ）えちゃおう！

きょうも　よく　がんばったぞ！　ここに　ぶりぶりシールを　はろう

9 ことばの　ちしき

ネネちゃんの
おうちで
あそぶゾ!

たのもー。
こんにちは
だろ。
いらっしゃい。
しんちゃんも
いる…。 イヤな
予感。
リアル
おままごとの
新作を
つくったの。
う。
だいほん
おままごとの
メンバーは
いつも この
五人だし…。
たまには
ちがう ことを…。
し、しんちゃんは
なにか ある?
カラス
ごっこ。
みんなのも
あるよ
カラスが
五わも おへやに
いるなんて
イヤッ!
じゃ、
イモムシ。
イモムシが
五ひきも
おへやに
いる なんて
イヤッ!!
二十日まてば
さなぎに なるよ。
二十日間も
そこに いる
つもりか?
よく
つくったね
ガチャ
おやつ
いかが?
クッキーは もちろん
てづくりよ。うふ♡
やがては
チョウに。
ぶわっ
ガシャ
変な チョウと
イヤな 予感が
当たったぜ〜、
ギャハハハッ!
いつもの ママ
じゃな〜い。
ネネちゃんちも
いろいろ 大変
だな。
だれの
せいだ。
どっどっどっ

おしまい

9-1 かぞえる ことば

月　日　よう日

① 正しい ほうの ことばを ◯で かこみましょう。

① なわとびを 五{かい／だい} まわす。

① 四つばの クローバーには、はっぱが 四{かい／まい} ある。

② かぞえる ことばを [　] から えらんで かきましょう。

① としょかんで 本を 二[　　] かりる。

② のはらいっかは 四[　　] と 一[　　] だゾ！

本　ぴき　ぱい　さつ　人　わ

きょうも よく がんばったぞ！ ここに ぶりぶりシールを はろう

ブタの ヒヅメキック!!

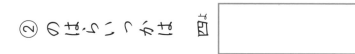

9 ②

日(ひ)づけと よう日(び)

月(がつ) 日(にち) よう日(び)

① かん字(じ)と よみがなを せんで つなぎましょう。

① 一日 ●	● よっか
② 二日 ●	● ついたち
③ 三日 ●	● ふつか
④ 四日 ●	● みっか
⑤ 五日 ●	● いつか
⑥ 六日 ●	● ここのか
⑦ 七日 ●	● なのか
⑧ 八日 ●	● とおか
⑨ 九日 ●	● むいか
⑩ 十日 ●	● ようか

② □の 日(ひ)づけと よう日(び)を □に かん字(じ)で かきましょう。

7がつ

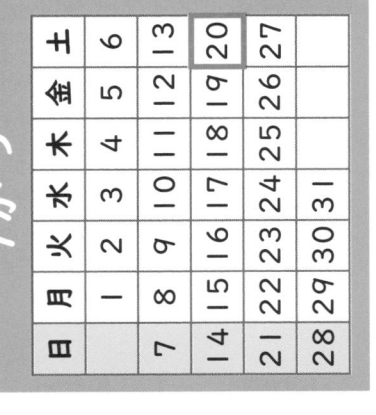

日	月	火	水	木	金	土
	1	2	3	4	5	6
7	8	9	10	11	12	13
14	15	16	17	18	19	20
21	22	23	24	25	26	27
28	29	30	31			

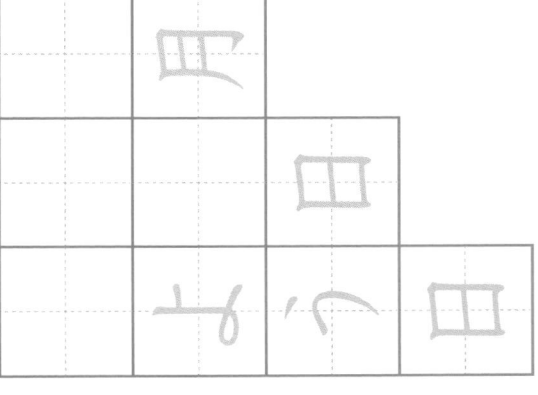

20日(か)は 「はつか」と よむぞ!

月 日 よう日

きょうも よく がんばったぞ! ここに ぶりぶりシールを はろう

あなたァ。明日(あす)から 連休(れんきゅう)だけど どこへ 連(つ)れてって くださるの?

9 ③ あいさつの ことば①

月　日　よう日

① つぎの　ばめんに　あう　ことばを　［　］から　えらんで、［　］に　かきましょう。

しょくじを はじめる とき　［　　］

しょくじを おえる とき　［　　］

かえって きた　とき　［　　］

しゅっぱつ する　とき　［　　］

いただきます
ただいま
いってきます
ごちそうさまでした
ごめんなさい
ありがとう

② えに　あう　ことばを　せんで　むすびましょう。

おはようございます。
こんにちは。
おやすみなさい。

あさの
あいさつよ。

きょうも　よく　がんばったぞ！
ここに ぶりぶりシールを はろう

朝起きられないの　わかってて　夜ふかし　するんだから　自業自得です。

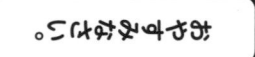

9 4 あいさつの ことば②

月 日 よう日

1 つぎの せつめいに あう ことばを かきましょう。

(1) おれいを つたえる ことば。

あ□□□□

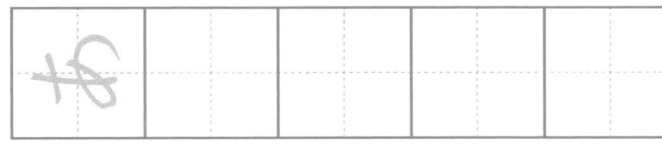

(2) して しまった ことを あやまる ことば。

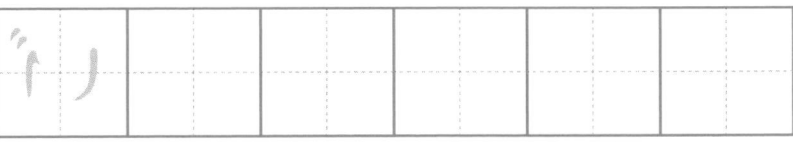

ご□□□□□

(3) よる、人に あった ときの あいさつ。

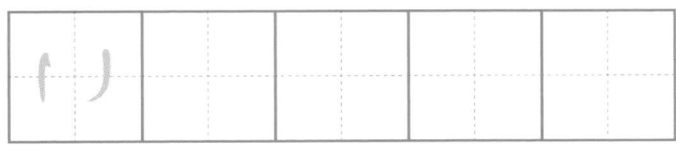

こ□□□□

(4) 人に なにかを すすめる ていねいな ことば。

ど□□

なにかを わたす ときにも つかうよ！

(5) 人と おわかれ する ときの ことば。

さ□□□□

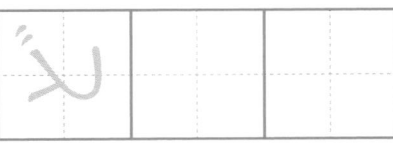

きょうも よく がんばったぞ！ ここに ぶりぶりシールを はろう

あいお嬢様、本日 この後 バイオリン教室と フランス語教室と なって おります。

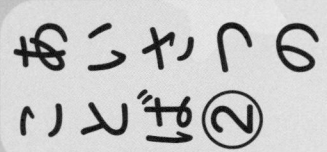

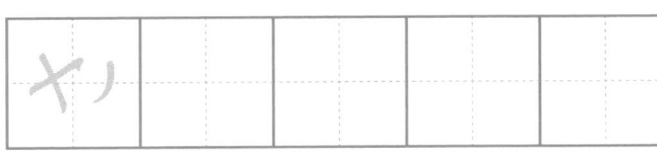

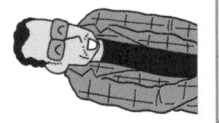

ことばパズル 5

なんと いって いるのかな？

ふきだしの せりふに あう えを せんで むすぼう！

二(ふた)つに われたゾ！

お一(ひと)つ どうぞ！

二(に)ほん あるゾ！

一(ひと)つぶ たべるゾ！

いってきます！

さようなら！

きょうも よく がんばったぞ！
ここに ぶりぶりシールを はろう

10 文のきまり

オラが かいた ぶりぶりざえもんの 最新作〜。
だれかに よませて あげよう。
お、師匠。
師匠じゃねぇし!! これから 埼玉紅さそり隊の 集会だ。あっち いけ。
オラの 絵本 とくべつに よませたげる。
話を きかねぇ ヤツだな!! なんか えらそうだし。
あるひあるいて ましたむむ…。
あ〜ん、ダメダメ 「むむ」の とこは ぶりぶりざえもん みたいに よんでぇ。
しらん キャラに なった つもりに なんて なれっかよ。
だいたい これ 「、」も 「。」も ねぇから よみづれぇし。
?
文の おわりは 「。」、セリフは 「 」で はさめ。
おお。
あるひあるいて ました。「むむ」
さすが 師匠 アタマ いい!! もーいちど おねがい しやす!!
ちっ、しゃーねぇ なァ。
ぶりぶり ざえもんは ジャンプした。
とうっ!
しかし 上からは 鳥の フンが!!
そして じぶんの おパンツにも…
あっ ダンゴむし
アタイら いつから お笑いの 劇団に?
さぁ。
おしまい

えほんを よんで もらうゾ!

10-1 「は」「を」「へ」の つかいかた①

月 日 よう日

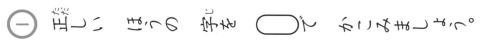

① 正しい ほうの 字を ( ) で かこみましょう。

① オラ {は / わ} しんのすけだゾ。

② シロ {お / を} おいかける。

③ シロと こうえん {え / へ} いく。

② {　} の どちらかの 字を □に かいて、正しい 文を つくりましょう。

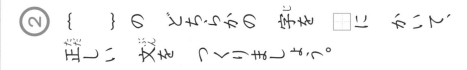

① {わ・は} □たし□、七さいです。

② {お・を} □だんご□ たべる。

③ {え・へ} □いがかん□ いく。

きょうも よく がんばったぞ! ここに ぶりぶりシールを はろう

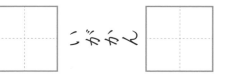

やあ、しあわせボ〜イ。

10-2 「は」「を」「へ」の つかいかた②

月　日　よう日

1
正しい ほうの 字を （　） で かこみましょう。

① うみの 水 {は／を} しおからい。

② かあちゃんと ようちえん {は／へ} むかう。

③ ともだちに たんじょうびプレゼント {を／へ} あげる。

正しく えらばないと、いみが つうじないね。

2
□に {は・を・へ} の どれかを かいて、正しい 文を かんせいさせましょう。

① とうちゃん □ かいしゃ □ いく。

② おやつと おちゃ □ 二かい □ はこぶ。

③ コアラ □ ユーカリの は □ たべる。

きょうも よく がんばったぞ！ ここに ぶりぶりシールを はろう

なんて 心の やさしい……。えらいわ、しんちゃん。

10-3 まる（。）と　てん（、）の　つかいかた

月　日　よう日

① まる（。）と　てん（、）の　つかいかたが　正しい　ほうに　○を　つけましょう。

① （　　）きのう。カレーライスを　たべた、
　（　　）きのう、カレーライスを　たべた。

② （　　）ふかづめさんは、いい　人だ。
　（　　）ふかづめさんは。いい　人だ、

② □に　まる（。）か　てん（、）を　かきましょう。

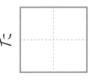

① カザマくんは□　いつも　じょうひんだ□

② ゆうべ□　カンタムロボの　アニメを　見た□

③ あさ□　おじいさんは　山へ　しばかりに□　おばあさんは　川へ　せんたくに　いく□

きょうも　よく　がんばったぞ！　ここに　ぶりぶりシールを　はろう

いくら　起こしても　起きねぇんだ、あの　ねぼすけ。

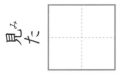

10-4 かぎ(「　」)の つかいかた

月　日　よう日

① かぎ(「　」)の つかいかたが 正しい ほうに ○を つけましょう。

①
（　）ネネちゃんが「リアルおままごと しようよ。」と いった。
（　）ネネちゃんが「リアルおままごと しようよ。と いった」。

②
（　）ボーちゃんから よしながせんせいが「さがして いたよ。と」 いわれた。
（　）ボーちゃんから「よしながせんせいが さがして いたよ。」と いわれた。

② つぎの 文に かぎ(「　」)を 二くみ かきいれましょう。

サッカーで カザマくんが ゴールを きめたので、
まぐれだね。
と いいました。
すると、カザマくんは
たまには ほめろよ。
と いって おこりました。

人が はなした ことばに 「　」を つけるのだ！

きょうも よく がんばったぞ！ ここに ぶりぶりシールを はろう

おさらいテスト⑤

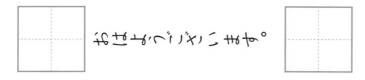

48〜58ページの　おさらいだゾ！

月（がつ）　日（にち）

てん

① 日（ひ）づけを　あらわす　ことばの　よみかたを　かきましょう。

1もん　10てん

①二日（　　　）　②五日（　　　）　③六日（　　　）

④九日（　　　）　⑤十日（　　　）　⑥二十日（　　　）

「〜か」の　かたちで　こたえよう。

② つぎの　文（ぶん）の　□に　まる（。）か　てん（、）か　かぎ（「　」）の　どれかを　かきましょう。

ひとつ　10てん

もんの　ところに　えんちょうせんせいが

いたので　□　みんなで　げんきよく

□　おはようございます。□

と　あいさつを　しました　□

きょうも　よく　がんばったぞ！　ここに　ぶりぶりシールを　はろう

（¬）は、ますの右下（みぎした）に、
（∟）は、ますの左上（ひだりうえ）に書（か）くのよ。

11 ていねいな　いいかた

今だけ チョコビに ワニ山さんの メダルつき!!
これ 買ってー!!
つぎの日
アクション ようちえん
そ、それは…!!
いけません。チョコビは 先月 食べた でしょ。
先月じゃん。
おケチッ
ワニ山さん メダル!!
いいなぁ オラ 買って もらえな かった〜〜。
きちんと した ことばで たのんだのか?
「コケーッ」って?
そりゃ チキン。
ていねいに お願いする って ことさ。
「買ってください」とかね。
お手つだいするのも こうか あるかも。
ほうほう。
かきかき
ひまちゃん、オムツを かえましょう。
せんたくもの たたみます。
なになに、なんなの?
ビクビク
若くて 美人な お母さまッ、チョコビを 買って くださ〜い〜っ。
あー、そういう ことね…。
ま、たまには いっか。
けっこー けっこー コケコッコーッ!!
おしまい

チョコビを かって もらう ゾ!

11-1 ていねいな いいかた①

月　日　よう日

① ていねいな いいかたの 文の ほうに ◯を つけましょう。

①
（　　） わたしは 学校へ いく。
（　　） わたしは 学校へ いきます。

②
（　　） ぼくは 小学生です。
（　　） ぼくは 小学生だ。

③
（　　） いっしょに あそぼう。
（　　） いっしょに あそびましょう。

文の おわりの
いいかたに
ちゅうもくしよう。

② ――の ことばを、ていねいな いいかたに する ときの ことばを ［　］から えらんで かきましょう。

① ここが オラの いえだ。 → ［　　］

② シロが げんきに はしる。 → ［　　］

③ きょうしつでは しずかに する。 → ［　　］

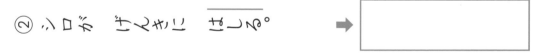

［しました　はしった　しません　いえです　はしります　いえだった］

やーね、しんのすけ君たら。オホホホホ。

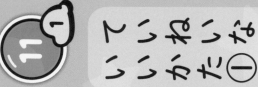

きょうも よく がんばったぞ! ここに ぶりぶりシールを はろう

11 2 ていねいな いいかた②

月　日　よう日

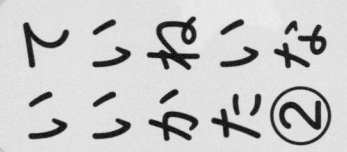

① ていねいな いいかたの 文を 三つ さがして ○を つけましょう。

①（　　）きのうの 天気は 雨でした。

②（　　）ぶあつい 本を よんだ。

③（　　）しゅくだいを おわらせた。

④（　　）ノートに なまえを かきましょう。

⑤（　　）この もんだいの こたえが わかりません。

「〜た」や「〜だ」で おわる 文は、すぎた ことを あらわして いるのよ。

② ——の ことばを ていねいな いいかたに して 文を かきなおしましょう。

① まい日、ぎゅうにゅうを のむ。

（　　　　　　　　　　）

② きのうは 早く ねた。

（　　　　　　　　　　）

③ きょうは チョコビを たべない。

（　　　　　　　　　　）

きょうも よく がんばったぞ！ ここに ぶりぶりシールを はろう

やった!!

ことばパズル ⑥

手がみの ことばを すいりせよ！

たいへん！ ともだちに もらった 手がみが よごれたり、
やぶれたり しちゃった。よめない ところには
なんと かいて あったのかな？ [　　] から さがそう。

しんのすけくん げんき①。
ぼくも かぞくも みんな
げんき②。
こんど、かすかべに あそびに
③ので、いっしょに
あそび④。
また あえる 日を たのしみに
して⑤。
それでは、さようなら。

かいて あった ことばは…

① [　　]
② [　　]
③ [　　]
④ [　　]
⑤ [　　]

手がみだから、ていねいな
いいかたで かかれて
いたのかしら？

いきます　です
ですか　います
いた　ましょう
ました　だろう

よく がんばったぞ！
ここに
ぶりぶりシールを
はろう

⑫ 文の　くみたて

じいちゃんが
いって
いるゾ！
まんがのかかりかた

はっ。
母ちゃんが
いない。
ひまわりも…。
ん。
『回らん板を
まわしてきます』
なーんだ。
『あき…、』
プルルルッ
まわしてきます
くるから
カギをあけてあげてね
ひろしのママより
おでんわ
おでんわー。
プルルルッ
あ、熊本の
じいちゃんっ。
よう。
母ちゃんたち
いまお外で…。
ピンポーン
オラだよ、
オラ、オラ。
ガンガン
おーい、
だれも おらんの？
あやしいヤツ
かもしれん。
あけたら
いかんたい!!
えー。
オラが
いるけど
じいちゃんが
あけるなって。
なんでえ？
じいちゃんが
あけてって
言ってるのに…。
どゆこと？
その夜…
…ということが
あったみたい。
たしかに どっちも
じいちゃんが
いっているもんな。

おしまい

12 1

文のくみたて①

月　日　よう日

① 「なにが（だれが）」に　あたる　ことばに　──を　つけましょう。

れい　じいちゃんが　いって　いる。

① ひまわりが　すやすやと　ねる。

② ちょうちょが　とびたつ。

③ でんしゃが　はしる。

④ スズメが　そらを　とぶ。

「なにが（だれが）
～どうする」と　いう
文の　かたちですね。

② 「どうする」に　あたる　ことばに　──を　つけましょう。

れい　かあちゃんが　おこる。

① ネネちゃんが　おりがみを　おる。

② 赤い　ふうせんが　われる。

③ カザマくんが　ノートに　字を　かく。

④ 雨が　しとしと　ふる。

きょうも　よく　がんばったぞ！
ここに　ぶりぶりシールを　はろう

おもしろい。受けて立つよ。

12-2 文(ぶん)の くみたて②

月(がつ)　日(にち)　よう日(び)

① 「なにを」に あたる ことばに ――を つけましょう。

れい 先生(せんせい)が テストを くばる。（「テストを」に線）

① オラが うたを うたう。

② おとうとが ボールを なげる。

③ クジラが しおを ふく。

④ ボーちゃんが 石(いし)を ひろう。

イロハ オエ～

② [　] の 三(みっ)つの ことばを つかって、「なにが（だれが） なにを どうする」の かたちの 文(ぶん)を つくりましょう。

① [かく　手(て)がみを　おばあさんが]

（　　　　　　　　）。

② [とうちゃんが　もつ　にもつを]

（　　　　　　　　）。

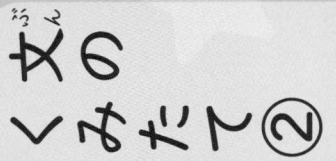

きょうも よく がんばったぞ！ ここに ぶりぶりシールを はろう

文のくみたて③

月　日　よう日

① 「どんなだ」に　あたる　ことばに　――を　つけましょう。

れい　ペットの　ねこが　かわいい。

① アクションかめんは　かっこいい。

② 赤い　バラが　うつくしい。

③ はれた　日の　空は　青い。

④ とうちゃんの　くつ下は　とても　くさい。

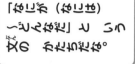

「なにが（なには）～どんなだ」と　いう　文の　かたちだな。

② □に　あてはまる　ことばを　□から　えらんで　かきましょう。

① おべんとうの　おにぎりが　□。

② だれも　いない　きょうしつは　□。

③ ゆうびんきょくの　ポストは　□。

おもしろい	しずかだ	赤い
おいしい	うるさい	わるい

きょうも　よく　がんばったぞ！　ここに　ぶりぶりシールを　はろう

ふ――っ、これで　もう　安心。

12-4

文のくみたて④

月　日　よう日

① 「なんだ」に　あたる　ことばに　――を　つけましょう。

れい　わたしは　小学生だ。（「小学生だ」に線）

① ひまわりは　赤ちゃんだ。

② きょうの　ごはんは　オムライスだ。

③ とくいな　きょうかは　さんすうだ。

④ あしたは　ともだちの　はっぴょうかいだ。

「なにが（なには）〜なんだ」と　いう　文の　かたちね。

② つぎの　文の　「なにが（なには）」の　ことばに　（　）を、「なんだ」の　ことばに　――を　つけましょう。

れい　わたしの　（たからものは）　かぞくだ。（「かぞくだ」に線）

① シロは　オラの　ともだちだ。

② わたしが　すきな　たべものは　メロンだ。

きょうも　よく　がんばったぞ！　ここに　ぶりぶりシールを　はろう

完了しました。

おさらいテスト⑥

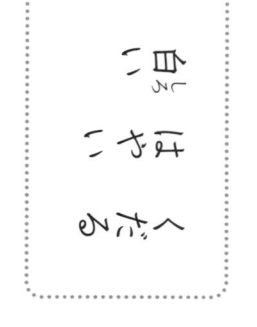

60〜68ページの　おさらいだゾ！

月　日　てん

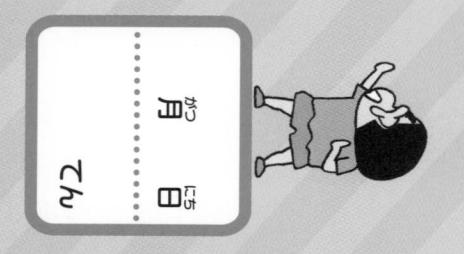

①　——の　ことばを　ていねいな　いいかたに　して
かきましょう。（1もん　16てん）

① いもうとの　なまえは　ひまわりだ。 → [　　　]

② たのしい　ときは　おどる。 → [　　　]

③ にじが　きれいだ。 → [　　　]

④ そろそろ　出かけよう。 → [　　　]

自分でも、いろいろな文を作ってみよう！

②　上の　文に　つながる　ことばを　[　　]から　えらんで
かきましょう（おなじ　ことばは　一かいしか　つかえません）。（1もん　12てん）

① じてんしゃが　さかみちを [　　　]。

② さかみちを　くだる　じてんしゃは
[　　　]。

③ さかみちに　とまって　いる
じてんしゃは [　　　]。

くだる　はやい　白い

よく　がんばったぞ！　ここに　ぶりぶりシールを　はろう

1年 かくにんテスト①

月　日　てん

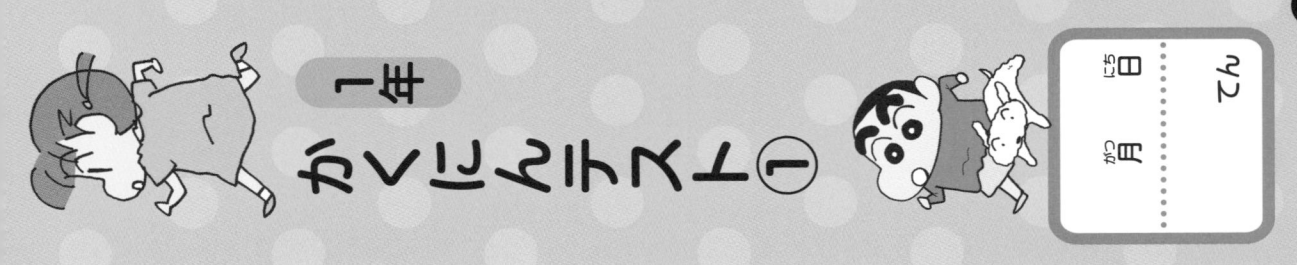

① □に あう ひらがなを ┆　┆から えらんで かきましょう（おなじ ひらがなは 一かいしか つかえません）。 1もん 8てん

① てつ□う　② すな□　③ □くわ

④ □かな　⑤ ひこ□き　⑥ こ□り

⑦ きんぎ□　⑧ にんじ□

ぱ	お	よ	ち
う	や	さ	ぼ

② つぎの ことばを かたかなに なおしましょう。 1もん 6てん

① くれよん

② あいろん

③ ぱいなっぷる

④ くりこぷたあ

⑤ ほっとけえき

⑥ しゅうくりいむ

きょうも よく がんばったぞ！ ここに ぷりぷりシールを はろう

1年

かくにんテスト②

月(がつ)　日(にち)

てん

①

なかまはずれの　ことばを　一(ひと)つ　えらんで、（　）で　かこみましょう。　1もん　10てん

①
にんじん　だいこん
ピーマン　れんこん
はくさい　タイヤ

②
えんぴつ　けしゴム
はブラシ　ノート
じょうぎ　したじき

③
ふね　じどうしゃ
ひこうき　でんしゃ
でんわ　じてんしゃ

④
いぬ　ライオン
キリン　トマト
ペンギン　ねこ

②

上(うえ)の　文(ぶん)に　あう　ことばを　せんで　むすびましょう。　1もん　10てん

① こうていを　●	● うち上(あ)げる。
② たこを　●	● あげる。
③ くつ下(した)を　●	● はしりまわる。
④ こまが　●	● すう。
⑤ ロケットを　●	● まわる。
⑥ いきを　●	● ぬぐ。

きょうも　よく　がんばったぞ！
ここに　ぶりぶりシールを　はろう

1年

かくにんテスト③

月　日　てん

① 文（ぶん）に　あう　ことばを　[　　]から　えらんで　かきましょう。（1もん 15てん）

① かぜで　はっぱが　[　　　　]　ゆれる。

② あさがおの　つるが　[　　　　]　のびる。

③ [　　　　]　アイスクリームを　たべる。

④ [　　　　]　ふとんで　ぐっすり　ねむる。

あたたかい　ぐんぐん　つめたい　すやすや　ゆらゆら

② 上（うえ）の　ばめんに　あう　ことばを　せんで　むすびましょう。（1もん 10てん）

① ねる　まえ	・	・いってきます
② わかれる　とき	・	・ごちそうさまでした
③ しょくじの　あと	・	・おやすみなさい
④ 出（で）かける　とき	・	・さようなら

1年

かくにんテスト④

月　日

てん

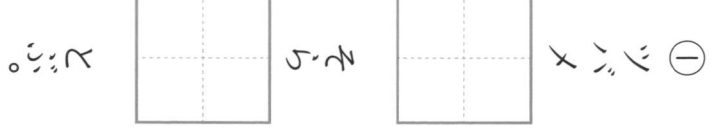

① □に「は・を・へ」の　どれかを　かいて、正(ただ)しい　文(ぶん)を　かんせいさせましょう。（ひとつ　8てん）

① ツバメ □ そら □ とぶ。

② しんちゃん □ ようちえん □ いく。

③ わたし □ ともだち □ 手(て)がみ □ かく。

② 「なにが（だれが）」に　あたる　ことばに　◯を、「どうする」に　あたる　ことばに　——を　つけましょう。（1もん　11てん）

れい　（ボールが）　ころがる。（「ころがる」に線）

① カエルが　ぴょんぴょん　はねる。

② わたしが　にもつを　はこぶ。

③ かあちゃんが　おいしい　りょうりを　つくる。

④ かわいい　ひまわりが　ベッドで　ねる。

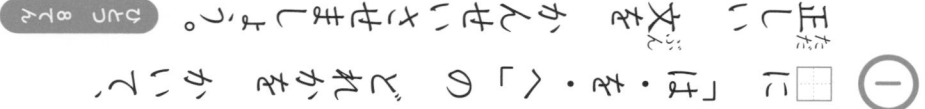

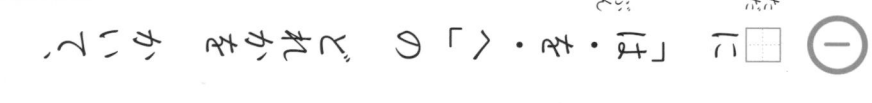

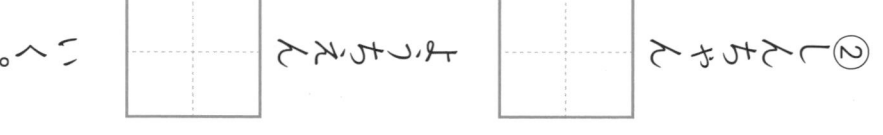

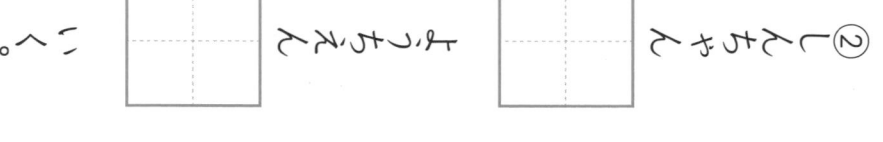

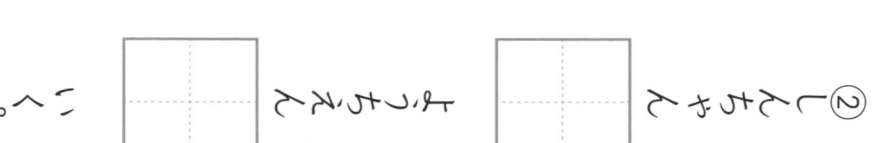

こたえあわせだゾ!

5ページ

1-1 ひらがなの たしかめ

① えに あう ことばを えらんで、せんで むすびましょう。
いえ — ・いえ　はね — ・はね　さかな — ・さかな

② ことばに なる ひらがなを □ から えらんで、□に かきましょう（おなじ ひらがなは 一かいしか つかえません）。
ぬ ね め れ わ
①い ぬ　②お め ん　③ね こ　④に わ とり　⑤れ んこん

よし、これからも ガンバロー。

6ページ

1-2 かたかなの たしかめ

① 正しい ほうの ことばを ◯で かこみましょう。
①シロ　②ネクタイ　③カメラ　④メロン

② ことばに なる かたかなを □ から えらんで、□に かきましょう（おなじ かたかなは 一かいしか つかえません）。
ア ソ マ ル レ ン
①アラ　②マイク　③レモン　④ミルク　⑤ソン（マラソン）

どうでしょう？ 夢中水泳 やって みませんか？

7ページ

1-3 ひらがなと かたかな①

① 一の かたかなを ひらがなに なおして、□に かきましょう。
①のり（り）　②カさ（か）　③おヤつ（や）　④おんセん（せ）

② 正しい ほうの ことばを ◯で かこみましょう。
お子さまランチ の なかみは、ミニトマト と オムライス だった。

あー、おいしかった。

8ページ

1-4 ひらがなと かたかな②

① つぎの ことばを すべて ひらがなに なおして、□に かきましょう。
①うきわ　②さつまいも　③こうえん

② つぎの ことばを すべて かたかなに なおして、□に かきましょう。
①カラオケ　②コンセント　③ラムネ

しんちゃん、今度の お休み、よろしければ あいと デートして くださらない？

9ページ

ことばパズル①

ひらがなだけを とおって、ゴールまで すすもう！
とおった じゅんばんに ひらがなを よんで、できる ことばを □に かこう！

ひまわり

11ページ

2-1 小さい 字の つく ことば①

① 正しい ほうの ことばを ◯で かこみましょう。
①しゃしん　②きゅうり　③ちょう　④ひよこ　⑤にっき　⑥せっけん　⑦らっかせい　⑧くつした

ファインダーを のぞいて いると、ちがった 世界が 見えて 楽しいんだ。

12ページ

2-2 小さい 字の つく ことば②

① □に あう ひらがなを かきましょう。
①ちゅうしゃ　②さんりんしゃ　③うちゅう　④はっけん　⑤かっこいい　⑥ひっこし

だから 言ったろ!! まず 基本を しっかり おぼえなければ 応用技など できぬ!!

13ページ

2-3 「゛」「゜」の つく ことば①

① えに あう 文に なるように、□の ひらがなに 「゛」や「゜」を つけましょう。
①げんきよく シロの さんぽへ しゅっぱつする。
②ぶどうと りんごを かごに 入れて はこぶ。

ぐずぐずしてる 時間は ないわ!!

14ページ

2-4 「゛」「゜」の つく ことば②

① →や↓の ほうこうに よむと えに あう ことばに なるように、□に ひらがなを かきましょう。
①てつぼう　うし
②だんご　ごはん　せんべい
③おにぎり　ぎゅうにゅう　にんじん

れー？

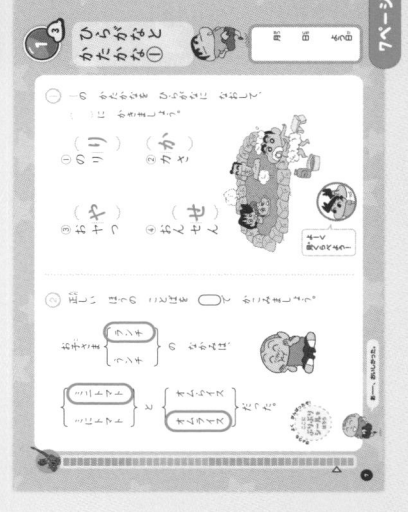

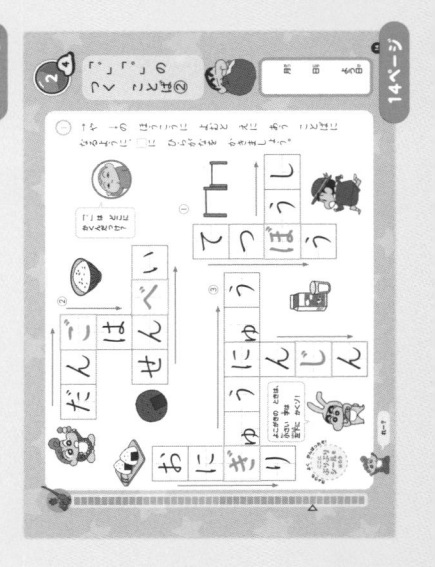

おさらいテスト①
4〜14ページの おさらいだゾ！
月 日 てん

① 正しい ほうの 文に ○を つけましょう。
(○) マラカスを ならして、ぶりぶりざえもんを よぶ。
( ) マラカスを ならして、ぷりぷりざえもんを よぶ。

② □の 文字を つかって、えに あう ことばを つくりましょう。
① リモコン
② ながぐつ
③ きんぎょ
④ かっぱ

モ か き コ ぐ ん ぱ り
つ っ ン ょ が な ぎ

ひらがなとかたかな、文字の違いをよく確かめるのよ！

3-1 かなづかい①
月 日 よう日

① 正しい ほうの ことばを ◯で かこみましょう。
① おとおさん／おとうさん（○）
② せんせい（○）／せんせえ
③ べんとう（○）／べんとお
④ ようちえん（○）／よおちえん

② □に 「あ い う え お」の どれかを かいて、ことばを つくりましょう（おなじ ひらがなは 一かいしか つかえません）。
① こおり
② おかあさん
③ とけい
④ おねえさん
⑤ すもう

※しんちゃんは「おねいさん」と言いますが、正しくは「おねえさん」です。

えー、本日の 職員会議の 議題は 「カゼから 子どもたちを 守るために 何を なすべきか」です。

3-2 かなづかい②
月 日 よう日

① つぎの ― の 字は まちがって います。正しい 字を かきましょう。
れい ぢてんしゃ → じ
① そこぢから → ぢ
② かんずめ → づ
③ みづぎ → ず

② □に あう ひらがなを ［ ］から えらんで かきましょう。
［ず づ］① みずたまりに 気づく。
［じ ぢ］② おじいちゃんが はなぢを 出す。

カゼ ひかないようにね。

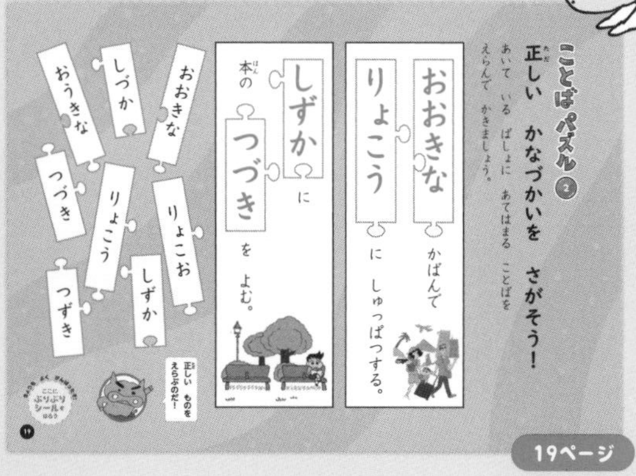
ことばパズル② 正しい かなづかいを さがそう！
あいて いる ばしょに あてはまる ことばを えらんで かきましょう。

おおきな かばんで りょこうに しゅっぱつする。
しずかに 本の つづきを よむ。

おおきな　しづか　おうきな　りょこお　しずか　りょこう　つづき　つずき

正しい ものを えらぶのだ！

4-1 ことばあそび
月 日 よう日

① しりとりに なる ように、□に あう ひらがなを かきましょう。
① はな → なす → すず
② うし → しか → かえる

② 一文字 たして、えに あう ことばに へんしんさせましょう。
かた：うえに たす → みかた／したに たす → かたな

われわれは、「せいぎの みかた」だー

私は 1日 3時間しか 働けないのだ。

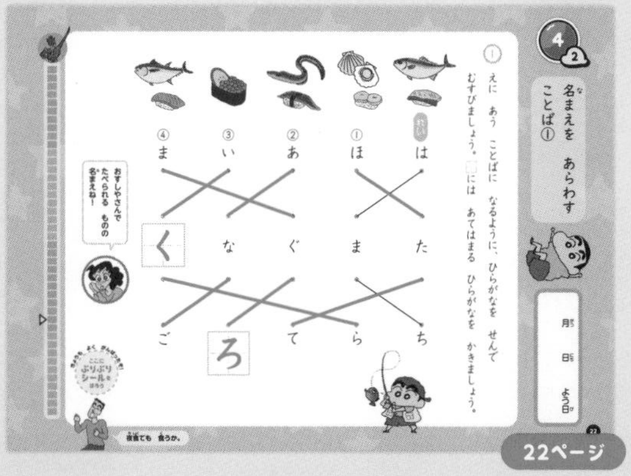
4-2 名まえを あらわす ことば①
月 日 よう日

① えに あう ことばに なるように、ひらがなを せんで むすびましょう。□には あてはまる ひらがなを かきましょう。
れい は　① ほ　② あ　③ い　④ ま
た　ま　ぐ　な　く
ち　ら　て　ろ　ご

おすしやさんで たべられる ものの 名まえね！

夜食でも 食うか。

4-3 名まえを あらわす ことば②
月 日 よう日

① きょうかの 名まえを さがして ◯で かこみましょう。みつけた きょうかの かずを □に かきましょう。

つ		ち	ず		た	け
ば	お		こ	く	い	ん
さ	ん	す	う		い	
	が	す		こ	く	ご
に	く		あ	め		ま

きょうかの 名まえの かず 5

たてや よこに よんで、ことばを さがすのよー

とにかく 楽しく 行きましょう。

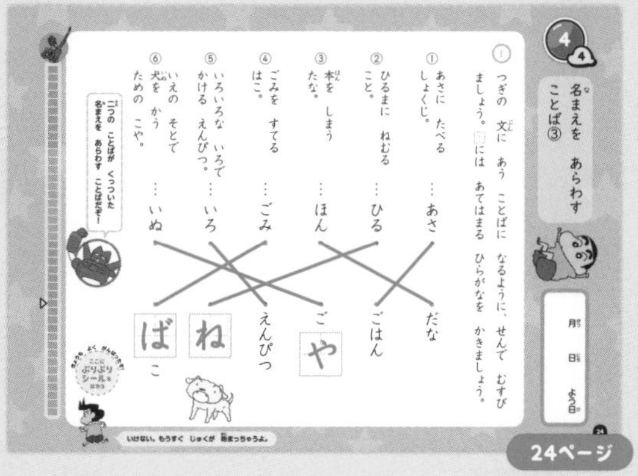
4-4 名まえを あらわす ことば③
月 日 よう日

① つぎの 文に あう ことばに なるように、せんで むすびましょう。□には あてはまる ひらがなを かきましょう。
① あさに たべる しょくじ。…あさ
② ひるまに ねむる こと。…ひる
③ 本を しまう たな。…ほん
④ ごみを すてる はこ。…ごみ
⑤ いろいろな いろで かける えんぴつ。…いろ
⑥ 犬の そとで かう ための こや。…いぬ

だな　ごはん　ごや　えんぴつ　ね　ばこ

二つの ことばが くっついた 名まえを あらわす ことばだぞー

いけない、もうすぐ じゅくが 始まっちゃうよ。

おさらいテスト②
16〜24ページの おさらいだゾ！
月 日 てん

① あげお先生が はずした ものを □に かきましょう。
めがね
（メガネ）

② ［ ］の どちらかの 字を □に かいて、正しい 文を つくりましょう。
①［う・お］ おうさまの おおきな いす。
②［い・え］ おねえさんと えいがに いく。
③［じ・ぢ］ きじが ちぢむ。
④［ず・づ］ かんづめを すこし ずつ たべる。

ひらがなの使い分けを確かめるのよ！

こたえあわせだゾ!

27ページ
5-1 かたかなで かく ことば①

① 正しい ことばを ◯で かこみましょう。

① リボン（リボソ／いボン／リボン）
② パンチ（パンキ／パンチ／バンチ）
③ ビーム（ビイム／ヒイム／ビーム）
④ パジャマ（パジャマ／バジヤマ／パジャア）
⑤ ジュース（ジュース／ジュウス／ジユース）
⑥ ピクニック（ピクニツク／ピクニック／ビクニック）
⑦ サッカー（サッカー／サツカー／サツカア）

のばす 音は、かたかなでは「ー」を つかって あらわすのよ～。

28ページ
5-2 かたかなで かく ことば②

① □から かたかなで かく ことばを えらんで、□に かたかなで かきましょう。

シュークリーム
ライオン
フライパン
レインコート
ブロッコリー
ポップコーン

しゅうくりいむ　ようふく
えんぴつ　らいおん
ふらいぱん　れいんこおと
ぶろっこりい　ぽっぷこおん

ぜんぶで 六つ あるわよ～。

※答えは順不同です。

29ページ
ことば パズル③
かたかな かけるカナ?

えに あう かたかなを □に かいて、人の 名まえを かんせいさせよう!

ピアノ
ハンカチ
カステラ
シーソー
クレヨン
ノート
サングラス
ケーキ

ヒントは オラだゾ～

31ページ
6-1 うごきを あらわす ことば①

① 上の 文に あう ことばを せんで むすびましょう。

① ごはんを　② ふとんで　③ どうろを　④ はさみで　⑤ ふえを
きる。　あるく。　ねる。　ふく。　たべる。

一つずつ くみあわせて たしかめるのだ～

② えに あう 文に なるように、□に ひらがなを かきましょう。

① ノートに 字を か く。
② ともだちに 手を ふ る。

32ページ
6-2 うごきを あらわす ことば②

① 上の 文に あう ことばを ◯で かこみましょう。

① ミルクを（のむ）たべる。
② パンを（やく）うつ。
③ ボールを（なげる）ひらく。
④ 本を（よむ）きく。

② 文に あう ことばを □から えらんで かきましょう（おなじ ことばは 一かいしか つかえません）。

① しんちゃんが 三りん車に のる。
② みさえが カレーを つくる。
③ ネネちゃんが ぬいぐるみで あそぶ。

あそぶ　つくる　のる　出る

33ページ
6-3 うごきを あらわす ことば③

① えに あう ことばを □から えらんで かきましょう。

① まどを あける。
② まどを しめる。
③ かいだんを のぼる。
④ かいだんを おりる。

のぼる　あける　しめる　おりる

② 上の 文に あう ことばを せんで むすびましょう。

① シャツを　② ズボンを　③ ぼうしを　④ リュックを
せおう。　きる。　かぶる。　はく。

34ページ
6-4 うごきを あらわす ことば④

① 二つの ことばを くみあわせて、一つの ことばを つくりましょう。

れい なげる ＋ 出す ＝ なげ出す
① なげる ＋ 入れる ＝ なげ入れる
② なげる ＋ すてる ＝ なげすてる
③ なげる ＋ かける ＝ なげかける

② 二つの ことばを くみあわせて、一つの ことばを つくりましょう。

れい うつ ＋ 上げる ＝ うち上げる
① ふる ＋ まわす ＝ ふりまわす
② おる ＋ たたむ ＝ おりたたむ
③ まぜる ＋ あわせる ＝ まぜあわせる

35ページ
おさらいテスト③
26～34ページの おさらいだゾ!

① つぎの ことばを かたかなで かきましょう。

① ぴいまん　ピーマン
② りゅっくさっく　リュックサック
③ そふとくりいむ　ソフトクリーム

② 上の 文に あう ことばを ◯で かこみましょう。

① じてんしゃを（こぐ）のる。
② パンツを（ぬぐ）へる。
③ てを（たたく）はしる。
④ うたを（うたう）わらう。

言葉の意味を よく考えようね。

月　日　てん

37ページ
7-1 くりかえし ことば

① えに あう ことばを ◯で かこみましょう。

①（にこにこ）もくもく
②（くねくね）そよそよ
③（ぴょんぴょん）ごしごし

人や ものの ようすを あらわして いるぞ!

② 文に あう ことばを □から えらんで かきましょう。

① ボーちゃんの はな水が ぶらぶら して いる。
② 雨が しとしと ふる。

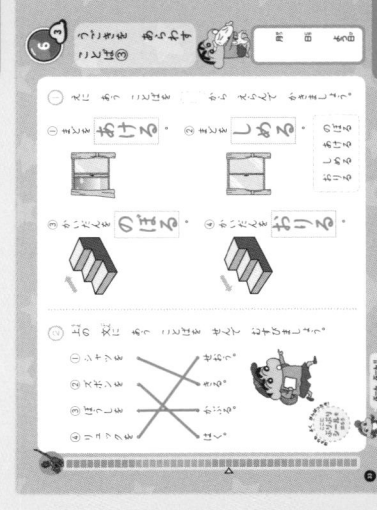

ぶらぶら　きょろきょろ
しとしと　つるつる

38ページ

7-2 ようすを あらわす ことば①

月 日 よう日

① 上の ことばに あう ことばを せんで むすびましょう。

① あつい — スープ
② かわいい — あかちゃん
③ あおい — シャツ
④ ひろい — きょうしつ

上の ことばが、下の ものの ようすを くわしく して いるのね。

② 文に あう ことばを □から えらんで かきましょう（おなじ ことばは 一かいしか つかえません）。

① つめたい ジュースを のむ。
② まっすぐな みちを すすむ。
③ やさしい こころの もちぬし。

まっすぐな　つめたい　やさしい

だいじょぶか？

41ページ

ことばパズル④

ようすを あらわす ことばを さがせ！

■の すう字の かずだけ「ようすを あらわす ことば」が あるよ。さがして ◯で かこもう。

れい 3：たべる　（はやい）　でん車　バナナ　はしる　（くらい）　（おいしい）

❶ 2：（ながい）　パンツ　りんご　えんぴつ　なく　ごはん　（ほそい）

❷ 4：せんろ　（どんどん）　ライオン　すわる　（りっぱな）　のぼる　（むずかしい）　テレビ　（きらきら）　田んぼ

❸ 6：（きれいな）　（くさい）　ねこ　セーター　（まるい）　（はげしい）　おにぎり　（ころころ）　くつ下　（はずかしい）

ものの 名まえを くわしく する ことばと、うごきを くわしく する ことばが あります。

45ページ

8-3 はんたいの いみの ことば①

月 日 よう日

① 上の ことばと はんたいの いみの ことばを せんで むすびましょう。

① なか — そと
② まえ — うしろ
③ 左 — 右
④ 小 — 大

② ——の ことばと はんたいの いみの ことばを □から えらんで かきましょう。

① ドアを あける。 しめる
② トイレに 入る。 出る
③ パンツを 下ろす。 上げる

上げる　しめる　ぬく　出る

さて、昼食つくろうっと。

39ページ

7-3 ようすを あらわす ことば②

月 日 よう日

① 上の ことばに あう ことばを せんで むすびましょう。

① にっこり — わらう
② はっきり — わかる
③ ぴったり — はまる
④ ぐっすり — ねむる

上の ことばが、下の ようすを くわしく して いるのよ。

② 文に あう ことばを □から 二つずつ えらんで かきましょう（おなじ ことばは 一かいしか つかえません）。

① シロが げんきに／すばやく はしる。
② とじまりを うっかり／すっかり わすれる。

うっかり　げんきに　すばやく　すっかり

※答えは順不同です。

やあ、しんのすけくん。

43ページ

8-1 ことばの なかまわけ

月 日 よう日

① つぎの なかまの ことばを □から えらんで かきましょう（ことばは ぜんぶ 一かいずつ つかいます）。

① たべもの：みかん　ケーキ
② のみもの：ジュース　ミルク　水
③ どうぶつ：ねこ　キリン　ライオン
④ みに つける もの：マスク　シャツ　くつ下　ズボン

ジュース　ねこ　マスク　みかん　ケーキ　キリン　シャツ　ミルク　くつ下　水　ズボン　ライオン

※答えは順不同です。

おもしろそうですわん。

46ページ

8-4 はんたいの いみの ことば②

月 日 よう日

① はんたいの いみの ことばを ◯で かこみましょう。

① はやい｛（おそい）／まるい｝
② あかるい｛ぬるい／（くらい）｝
③ あたらしい｛（ふるい）／あたらしくない｝

「ない」を つけただけで、はんたいの いみの ことばと いえるのかな？

② はんたいの いみの ことばを □から えらんで かきましょう。

① やわらかい ↔ かたい
② せまい ↔ ひろい
③ よわい ↔ つよい
④ 大きい ↔ 小さい

つよい　小さい　ひろい　かたい　わかい

40ページ

7-4 ようすを あらわす ことば③

月 日 よう日

① 上の えに あう 文に なるように、□から ことばを えらんで かきましょう。

① 大きな 車は 白い。
② 小さな 車は 赤い。

赤い　大きな　小さな　白い

② （　）の ことばを どこかに 入れて、文を かんせい させましょう。

れい 花が さく。（きれいな） → きれいな花が さく。

① やきいもを たべる。（あたたかい） → あたたかいやきいもをたべる。
② ちかくの こうえんで あそぶ。（ひろい） → ちかくのひろいこうえんであそぶ。

きょう ボクらは ニワトリ小屋の そうじ当番だ。

44ページ

8-2 にた いみの ことば

月 日 よう日

① 上の 文の ——の ことばと にた いみの ことばを せんで むすびましょう。

① いえに かえる。 — もどる
② あめが やむ。 — あがる
③ ボールを つかむ。 — とる
④ みさえが こわい。 — おそろしい

② ——の ことばと にた いみの ことばを □から えらんで かきましょう。

① 学校の ちかくに ある こうえん。 そば
② うつくしい 花を プレゼントする。 きれいな
③ ごはんを たくさん たべる。 いっぱい

みにくい　すこし　きれいな　いっぱい　とおく　そば

ギャン ギャン ギャン。

47ページ

おさらいテスト④

36〜46ページの おさらいだゾ！

月 日　てん

① 文に あう ことばを □から えらんで かきましょう。

① ひまわりが すくすく そだつ。
② シロの からだは 白い。
③ ネネちゃんが にこにこ わらう。
④ とうちゃんは オラより せが たかい。

たかい　白い　すくすく　にこにこ

② 二つの ことばが にた いみの ものには ○を、はんたいの いみの ものには ×を かきましょう。

① （×）たつ／すわる
② （○）くるしい／つらい
③ （○）うるさい／さわがしい
④ （×）しずむ／うく

二つの言葉を セットで覚えちゃおう！

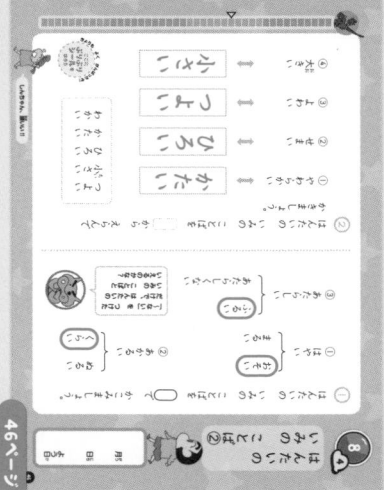

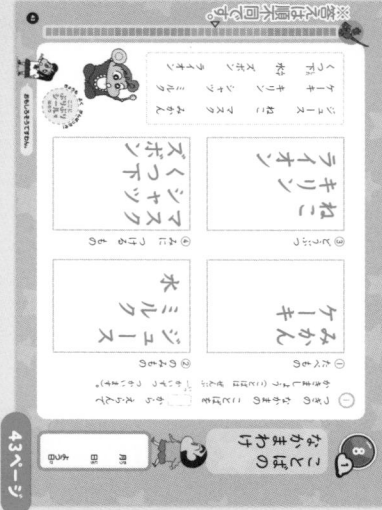

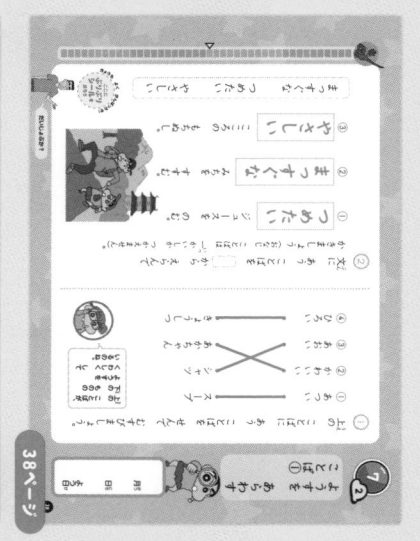

こたえあわせだゾ！

9-1 かぞえる ことば
① 正しい ほうの ことばを ◯で かこみましょう。
① なわとびを 五（かい／だい） まわす。
② 四つばの クローバーには、はっぱが 四（かい／まい） ある。
② かぞえる ことばを □から えらんで かきましょう。
① としょかんで 本を 二さつ かりる。
② のはらいっかは 四人と 一ぴきだゾ！
本 ぴき ばい さつ 人 わ
49ページ

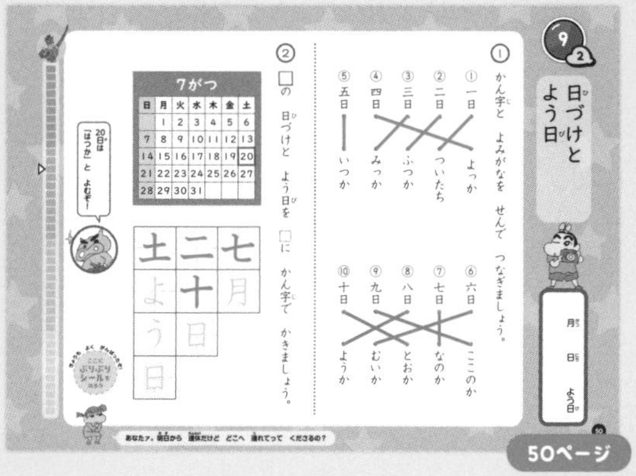
9-2 日づけと よう日
① かん字と よみがなを せんで つなぎましょう。
① 一日 ② 二日 ③ 三日 ④ 四日 ⑤ 五日 ⑥ 六日 ⑦ 七日 ⑧ 八日 ⑨ 九日 ⑩ 十日
よっか ついたち ふつか みっか いつか ここのか なのか とおか むいか ようか
② □の 日づけと よう日を □に かん字で かきましょう。
7がつ
日	月	火	水	木	金	土
		1	2	3	4	5	6
7	8	9	10	11	12	13
14	15	16	17	18	19	20
21	22	23	24	25	26	27
28	29	30	31			

20日は「はつか」とよむゾ！
七月 二十日 土よう日
50ページ

9-3 あいさつの ことば①
① つぎの ばめんに あう ことばを □から えらんで、□に かきましょう。
しょくじを はじめる とき　いただきます
しょくじを おえる とき　ごちそうさまでした
かえって きた とき　ただいま
しゅっぱつ する とき　いってきます
いただきます　ただいま　いってきます　ごちそうさまでした　ごめんなさい　ありがとう
② えに あう ことばを せんで むすびましょう。
おはようございます。　こんにちは。　おやすみなさい。
あさの あいさつは？
51ページ

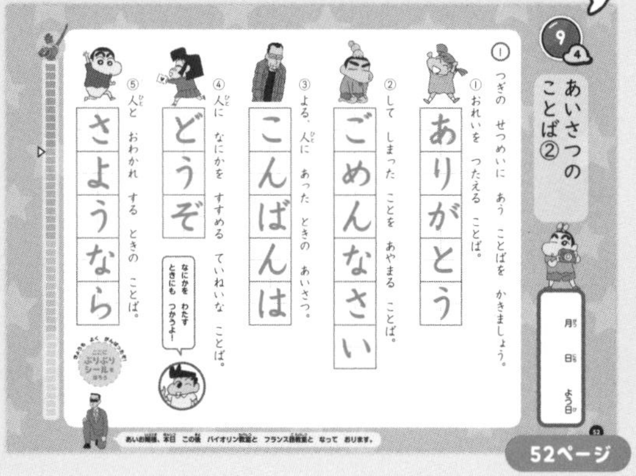
9-4 あいさつの ことば②
① つぎの せつめいに あう ことばを かきましょう。
① おれいを つたえる ことば。　ありがとう
② して しまった ことを あやまる ことば。　ごめんなさい
③ よる、人に あった ときの あいさつ。　こんばんは
④ 人に なにかを すすめる ていねいな ことば。　どうぞ
⑤ 人と おわかれ する ときの ことば。　さようなら
なにかを わたす ときにも つかうよ！
52ページ

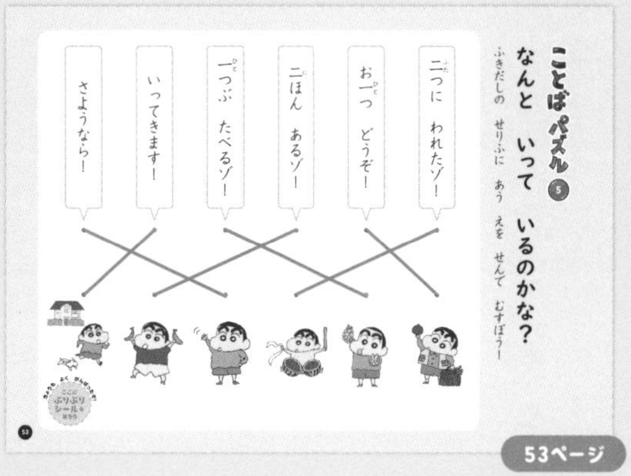
ことばパズル 5
なんと いって いるのかな？
ふきだしの せりふに あう えを せんで むすぼう！
二つに われたゾ！　お一つ どうぞ！　二ほん あるゾ！　一つぶ たべるゾ！　いってきます！　さようなら！
53ページ

10-1 「は」「を」「へ」の つかいかた①
① 正しい ほうの 字を ◯で かこみましょう。
① オラ（は／わ） しんのすけだゾ。
② シロ（を／お） おいかける。
③ シロと こうえん（へ／え） いく。
② 〔 〕の どちらかの 字を □に かいて、正しい 文を つくりましょう。
① 〔わ・は〕 わたしは、七さいです。
② 〔お・を〕 おだんごを たべる。
③ 〔え・へ〕 えいがかんへ いく。
55ページ

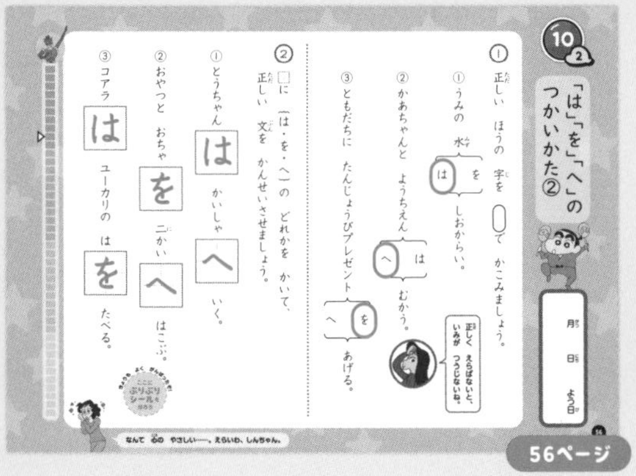
10-2 「は」「を」「へ」の つかいかた②
① 正しい ほうの 字を ◯で かこみましょう。
① うみの 水（は／わ） しおからい。
② かあちゃんと ようちえん（へ／は） むかう。
③ ともだちに たんじょうびプレゼント（を／へ） あげる。
正しく えらばないと、いみが つうじないわ。
② □に 〔は・を・へ〕の どれかを かいて、正しい 文を かんせいさせましょう。
① とうちゃんは かいしゃへ いく。
② おやつと おちゃを 二かいへ はこぶ。
③ コアラは ユーカリの はを たべる。
56ページ

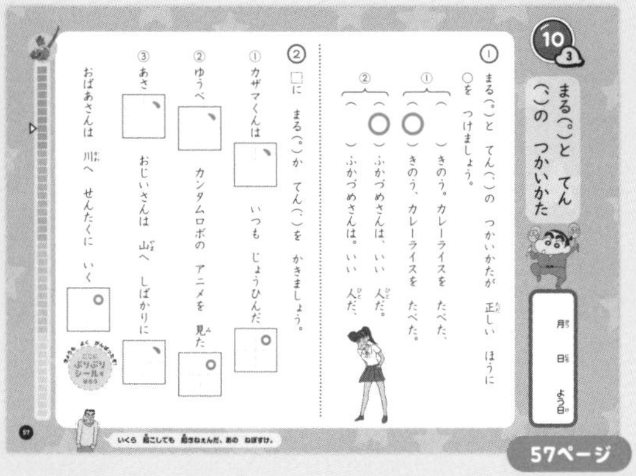
10-3 まる（。）と てん（、）の つかいかた
① まる（。）と てん（、）の つかいかたが 正しい ほうに ◯を つけましょう。
①（ ）きのう。カレーライスを たべた。（◯）きのう、カレーライスを たべた。
②（◯）ふかづめさんは、いい 人だ。（ ）ふかづめさんは。いい 人だ。
② □に まる（。）か てん（、）を かきましょう。
① カザマくんは、いつも じょうひんだ。
② ゆうべ、カンタムロボの アニメを 見た。
③ あさ、おじいさんは 山へ しばかりに、おばあさんは 川へ せんたくに いく。
57ページ

58ページ

10-4 かぎ（「 」）の つかいかた

① かぎ（「 」）の つかいかたが 正しい ほうに ○を つけましょう。

①（○）ネネちゃんが「リアルおままごと しようよ。」と いった。
（　）ネネちゃんが「リアルおままごと しようよ。と いった」。

②（　）ボーちゃんから よしながせんせいが「さがして いたよ。と」いわれた。
（○）ボーちゃんから「よしながせんせいが さがして いたよ。」と いわれた。

② つぎの 文に かぎ（「 」）を 二くみ かきいれましょう。

サッカーで カザマくんが ゴールを きめたので、
「まぐれだね。」
と いいました。
すると、カザマくんは
「たまには ほめろよ。」
と いって おこりました。

よいこの みんなは きのう 早く ねたかな？

59ページ

おさらいテスト⑤

48〜58ページの おさらいだゾ！

① 日づけを あらわす ことばの よみかたを かきましょう。

①二日（ふつか）　②五日（いつか）　③六日（むいか）
④九日（ここのか）　⑤十日（とおか）　⑥二十日（はつか）

「一か」の かたちで こたえるゾ。

② つぎの 文の □に まる（。）か てん（、）か かぎ（「 」）の どれかを かきましょう。

もんの ところに えんちょうせんせいが いたので、みんなで げんきよく「おはようございます。」と あいさつを しました。

（。）は、ますの右上に。（、）は、ますの左上に書くのよ。

61ページ

11-1 ていねいな いいかた①

① ていねいな いいかたの 文の ほうに ○を つけましょう。

①（　）わたしは 学校へ いく。
（○）わたしは 学校へ いきます。
②（○）ぼくは 小学生です。
（　）ぼくは 小学生だ。
③（　）いっしょに あそぼう。
（○）いっしょに あそびましょう。

文の おわりの いいかたに ちゅうもくしよう。

② ――の ことばを、ていねいな いいかたに する ときの ことばを □から えらんで かきましょう。

① ここが オラの いえだ。→ いえです
② シロが げんきに はしる。→ はしります
③ きょうしつでは しずかに する。→ します

します　はしった　しません　いえです　はしります　いえだった

やーね、しんのすけ君たら。オホホホホ。

62ページ

11-2 ていねいな いいかた②

① ていねいな いいかたの 文を 三つ さがして ○を つけましょう。

①（○）きのうの 天気は 雨でした。
②（　）ぶあつい 本を よんだ。
③（　）しゅくだいを おわらせた。
④（○）ノートに なまえを かきましょう。
⑤（○）この もんだいの こたえが わかりません。

「ーた」や「ーだ」で おわる 文は、すぎた ことを あらわして いるのよ。

② ――の ことばを ていねいな いいかたに して 文を かきなおしましょう。

① まい日、ぎゅうにゅうを のむ。
（まい日、ぎゅうにゅうを のみます。）
② きのうは 早く ねた。
（きのうは 早く ねました。）
③ きょうは チョコビを たべない。
（きょうは チョコビを たべません。）

やった!!

63ページ

ことばパズル⑥ 手がみの ことばを すいりせよ！

たいへん！ ともだちに もらった 手がみが よごれたり、やぶれたり しちゃった。よめない ところには なんと かいて あったのかな？ □から さがそう。

しんのすけくん げんき①。ぼくも かぞくも みんな げんき②。こんど、かすかべに あそびに ③ので、いっしょに あそび④。また あえる 日を たのしみに して⑤。それでは、さようなら。

かいて あった ことばは…
① ですか
② です
③ いきます
④ ましょう
⑤ います

いきます　です　ですか　います　いた　ましょう　ました　だろう

手がみだから、ていねいな いいかたで かかれて いたのかしら？

65ページ

12-1 文の くみたて①

① 「なにが（だれが）」に あたる ことばに ――を つけましょう。

れい じいちゃんが いって いる。
① ひまわりが すやすやと ねる。
② ちょうちょが とびたつ。
③ でんしゃが はしる。
④ スズメが そらを とぶ。

「なにが（だれが）ーどうする」と いう 文の かたちですね。

② 「どうする」に あたる ことばに ――を つけましょう。

れい かあちゃんが おこる。
① ネネちゃんが おりがみを おる。
② 赤い ふうせんが われる。
③ カザマくんが ノートに 字を かく。
④ 雨が しとしと ふる。

おもしろい。役に立つよ。

66ページ

12-2 文の くみたて②

① 「なにを」に あたる ことばに ――を つけましょう。

れい 先生が テストを くばる。
① オラが うたを うたう。
② おとうとが ボールを なげる。
③ クジラが しおを ふく。
④ ボーちゃんが 石を ひろう。

② □の 三つの ことばを つかって、「なにが（だれが） なにを どうする」の かたちの 文を つくりましょう。

① かく　手がみを　おばあさんが
（おばあさんが手がみをかく。）
② とうちゃんが　もつ　にもつを
（とうちゃんがにもつをもつ。）

ほんとに わかっとんのか？

67ページ

12-3 文の くみたて③

① 「どんなだ」に あたる ことばに ――を つけましょう。

れい ペットの ねこが かわいい。
① アクションかめんは かっこいい。
② 赤い バラが うつくしい。
③ はれた 日の 空は 青い。
④ とうちゃんの くつ下は とても くさい。

「なにが（なには）ーどんなだ」と いう 文の かたちだね。

② □に あてはまる ことばを □から えらんで かきましょう。

① おべんとうの おにぎりが おいしい。
② だれも いない きょうしつは しずかだ。
③ ゆうびんきょくの ポストは 赤い。

おもしろい　しずかだ　赤い　おいしい　うるさい　わるい

ふーっ、これで もう 安心。

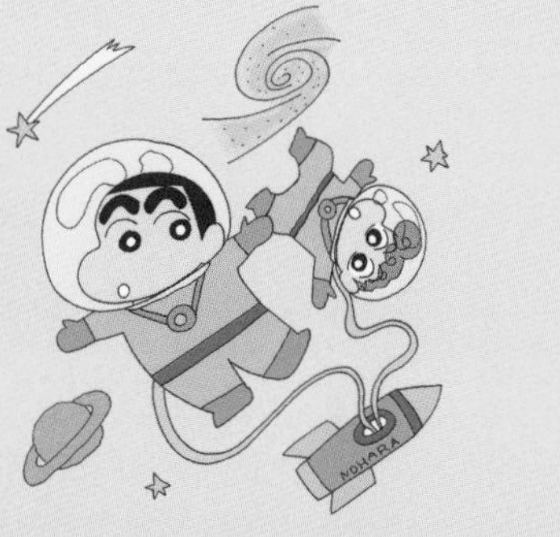

修了証

……………………………… さん

あなたは
「クレヨンしんちゃん 国語ドリル
小学1年生 ごい・ことば」の
学習を がんばり、
すべてを マスターした ことを
証します。

年　　月　　日

たいへん よく できました！
ここに 修了シールを はろう！

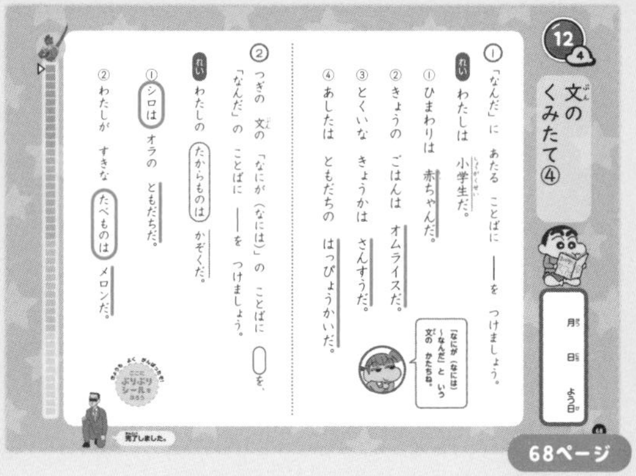
12-4 文の くみたて④

① 「なんだ」に あたる ことばに ―― を つけましょう。
れい わたしは 小学生だ。
① ひまわりは 赤ちゃんだ。
② きょうの ごはんは オムライスだ。
③ とくいな きょうかは さんすうだ。
④ あしたは ともだちの はっぴょうかいだ。
「なにが（なには）〜なんだ」と いう 文の かたちだね。

② つぎの 文の 「なにが（なには）」の ことばに ◯を、「なんだ」の ことばに ―― を つけましょう。
れい わたしの たからものは かぞくだ。
① シロは オラの ともだちだ。
② わたしが すきな たべものは メロンだ。

68ページ

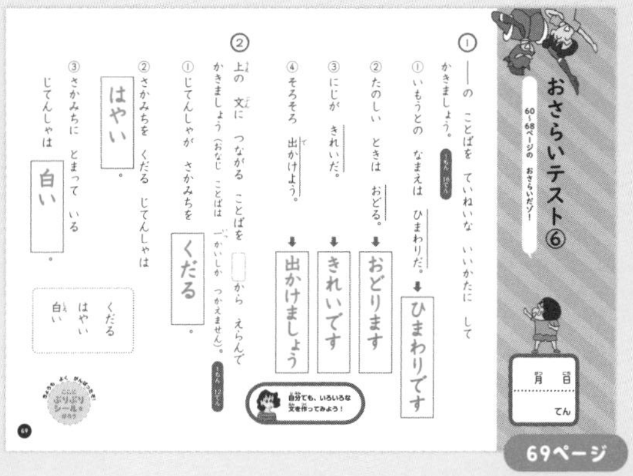
おさらいテスト⑥ 60〜68ページの おさらいだゾ！

① ―― の ことばを ていねいな いいかたに して かきましょう。
① いもうとの なまえは ひまわりだ。→ ひまわりです
② たのしい ときは おどる。→ おどります
③ にじが きれいだ。→ きれいです
④ そろそろ 出かけよう。→ 出かけましょう

② 上の 文に つながる ことばを □から えらんで かきましょう（おなじ ことばは 二かいしか つかえません）。
① じてんしゃが さかみちを くだる。
② さかみちを くだる じてんしゃは はやい。
③ さかみちに とまって いる じてんしゃは 白い。
くだる　はやい　白い

自分でも、いろいろな 文を作ってみよう！

69ページ

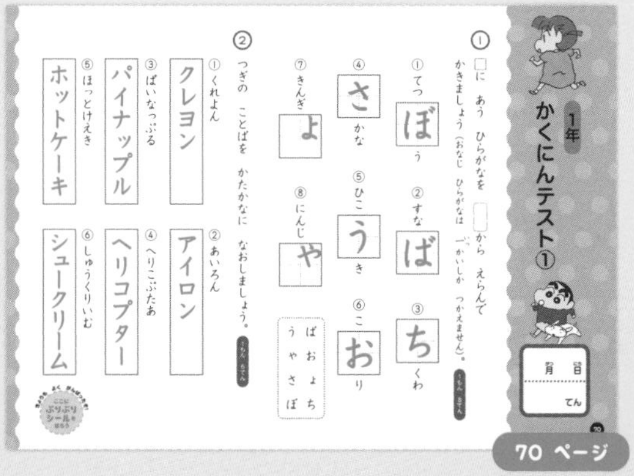
1年 かくにんテスト①

① □に あう ひらがなを □から えらんで かきましょう（おなじ ひらがなは 二かいしか つかえません）。
① てっぽう　② すなば　③ ちくわ　④ さかな　⑤ ひこうき　⑥ こおり　⑦ きんぎょ　⑧ にんじゃ
ぱ　お　ょ　ち　う　ゃ　さ　ぼ

② つぎの ことばを かたかなに なおしましょう。
① くれよん　クレヨン
② あいろん　アイロン
③ ぱいなっぷる　パイナップル
④ へりこぷたあ　ヘリコプター
⑤ ほっとけえき　ホットケーキ
⑥ しゅうくりいむ　シュークリーム

70 ページ

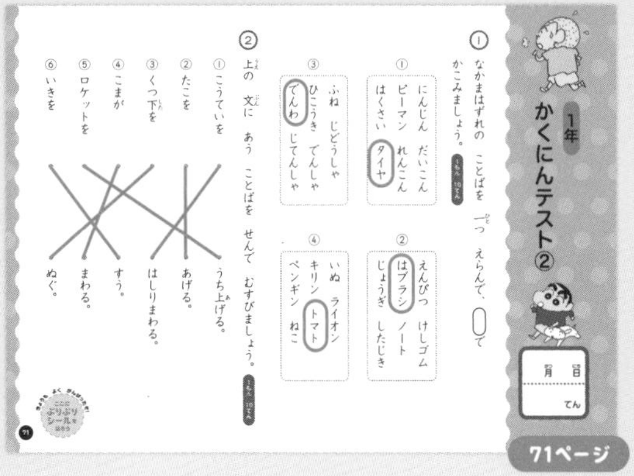
1年 かくにんテスト②

① なかまはずれの ことばを 一つ えらんで、◯で かこみましょう。
① にんじん　だいこん　ピーマン　れんこん　はくさい　タイヤ
② えんぴつ　けしゴム　はブラシ　ノート　じょうぎ　したじき
③ ふね　じどうしゃ　ひこうき　でんしゃ　でんわ　じてんしゃ
④ いぬ　ライオン　キリン　トマト　ペンギン　ねこ

② 上の 文に あう ことばを せんで むすびましょう。
① こうていを　② たこを　③ くつ下を　④ こまが　⑤ ロケットを　⑥ いきを
うち上げる。　あげる。　はしりまわる。　すう。　まわる。　ぬぐ。

71ページ

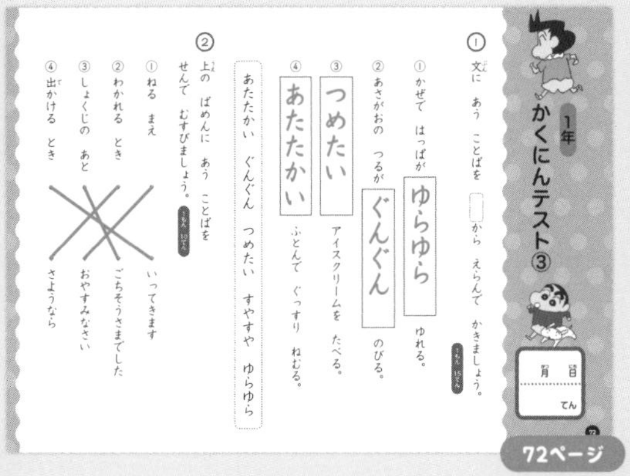
1年 かくにんテスト③

① 文に あう ことばを □から えらんで かきましょう。
① かぜで はっぱが ゆらゆら ゆれる。
② あさがおの つるが ぐんぐん のびる。
③ つめたい アイスクリームを たべる。
④ あたたかい ふとんで ぐっすり ねむる。
あたたかい　ぐんぐん　つめたい　すやすや　ゆらゆら

② 上の ばめんに あう ことばを せんで むすびましょう。
① ねる まえ　② わかれる とき　③ しょくじの あと　④ 出かける とき
いってきます　ごちそうさまでした　おやすみなさい　さようなら

72ページ

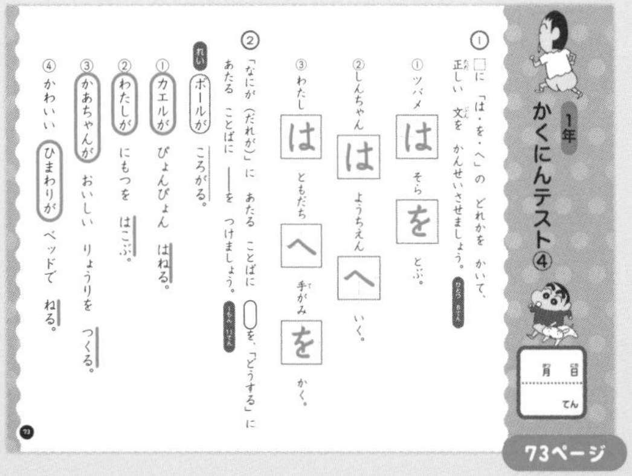
1年 かくにんテスト④

① □に 「は・を・へ」の どれかを かいて、正しい 文を かんせいさせましょう。
① ツバメ は そら を とぶ。
② しんちゃん は ようちえん へ いく。
③ わたし は ともだち へ 手がみ を かく。

② 「なにが（だれが）」に あたる ことばに ◯を、「どうする」に あたる ことばに ―― を つけましょう。
れい ボールが ころがる。
① カエルが ぴょんぴょん はねる。
② わたしが にもつを はこぶ。
③ かあちゃんが おいしい りょうりを つくる。
④ かわいい ひまわりが ベッドで ねる。

73ページ

やってみるゾ！ シート

おうちの方へ　さんすうれんしゅうページで使うカードです。ハサミで切り取り線 - - - を切ります。お子さんがうまく切れないときは、手伝ってください。①かみテープは、のりで貼り合わせます。うまくとまらないときは、セロハンテープなどで補強してください。なくさないように箱などに入れておいてください。

かみテープ

◀ ① かみテープ　7ページ①

のりで　はりあわせよう！

▼ ② しかく あ い う　39ページ②

しかく あ
しかく い
しかく う

◀ ③ カード　40ページ①

▼ ④ いろいた　64ページ①

▼ ⑤ かぞえぼう　66ページ①

のりしろ

おまけだゾ！

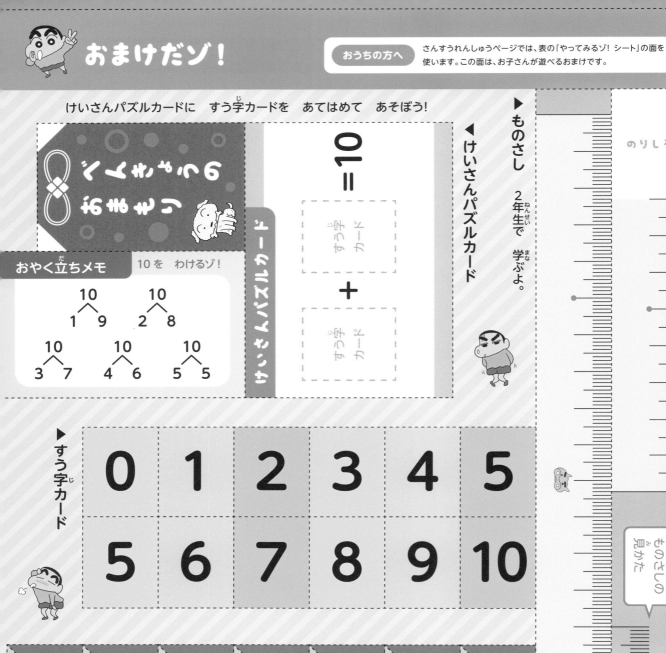

おうちの方へ　さんすうれんしゅうページでは、表の「やってみるゾ！ シート」の面を使います。この面は、お子さんが遊べるおまけです。

けいさんパズルカードに　すう字カードを　あてはめて　あそぼう!

おやく立ちメモ　10を　わけるゾ！

10 → 1　9

10 → 2　8

10 → 3　7

10 → 4　6

10 → 5　5

◀けいさんパズルカード

けいさんパズルカード

すう字カード ＋ すう字カード ＝10

▶ものさし

2年生で　学ぶよ。

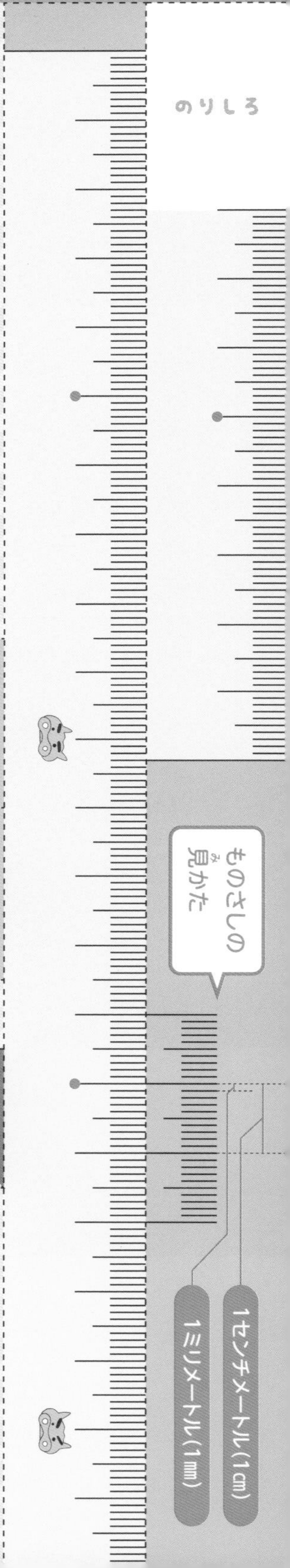

のりしろ
ものさしの見かた
1センチメートル(1cm)
1ミリメートル(1mm)

▶すう字カード

0	1	2	3	4	5
5	6	7	8	9	10

▼ならべて　えを　つくろう。

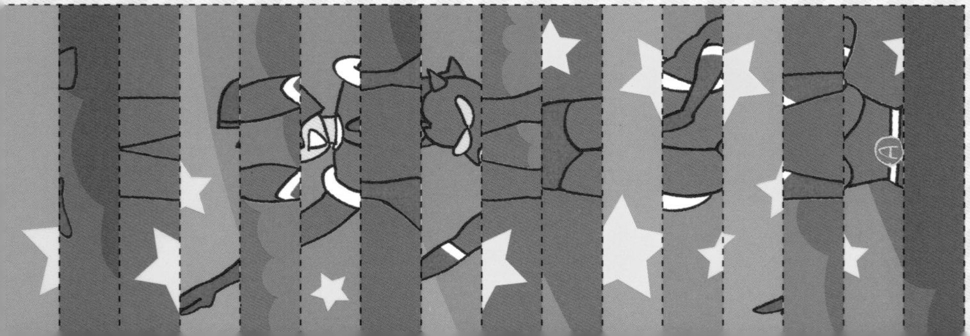

小学 **1** 年生

クレヨンしんちゃん 算数ドリル

ずけい・たんい

キャラクターしょうかい

のはら　ひろし

しんちゃんの
お父さん。

のはら　みさえ

しんちゃんの　お母さん。

のはら　ひまわり

しんちゃんの　いもうと。

シロ

しんちゃんの
あい犬。

のはら一家

のはら　しんのすけ

お気らくな　5さいの　男の子。
みんなから　「しんちゃん」と　よばれて　いる。
きれいな　おねいさんと　チョコビが　大すき。

ようちえんの ともだちと 先生

えんちょう先生

よしなが先生

まつざか先生

あげお先生

あいちゃん

しんちゃんに
こいする　おじょうさま。

黒磯

あいちゃんの
ボディーガード。

ボーちゃん

石あつめが　しゅみ。

マサオくん

ちょっぴり
なき虫。

風間くん

べんきょうが
とくい。

ネネちゃん

リアルおままごとが
大すき。

埼玉べにさそりたい

スケバン女子高生　3人ぐみ。
本とうは　いい人。

アクション仮面

しんちゃんが
あこがれる　ヒーロー。

カンタムロボ

しんちゃんが　すきな
アニメの　しゅ人こう。

ぶりぶりざえもん

しんちゃんが　つくった
せいぎ(?)の　ヒーロー。

この　ドリルの　つかいかた

学しゅうの　ながれ

1　「どうにゅうまんが」を　よむ!

2　「さんすうれんしゅうページ」に　とりくむ!

3　「さんすうパズル」「おさらいテスト」で　ふくしゅう!

4　「かくにんテスト」で　たしかめ!

1　どうにゅうまんが

その　たんげんで　学ぶ
さんすうを　つかった、　たのしい
オリジナルまんがだよ。

まんがは
左上から
右に
むかって
よもう。

2　さんすうれんしゅうページ

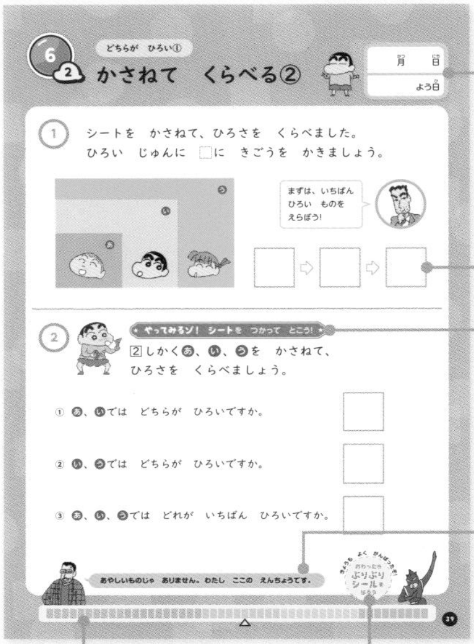

とりくんだ　日にちと
よう日を　かこう。

もんだいを　といて
こたえを　かこう。

「やってみるゾ!
シート」を　つかう
もんだいも　あるよ。

「クレヨンしんちゃん」
キャラクターの
はげまし(!?)の
ことばだよ。

さんすうの　学しゅうが　どれだけ　すすんだかを
しめす　「がんばりメーター」だよ。
さんかくじるしが　右へ　いくほど　すすんで　いるよ。

ページの　学しゅうが
おわったら、
「ぶりぶりシール」を
ここに　はろう!

3　さんすうパズル・おさらいテスト

たんげんごとに　パズルや　テストで
さんすうの　おさらいを　しよう。

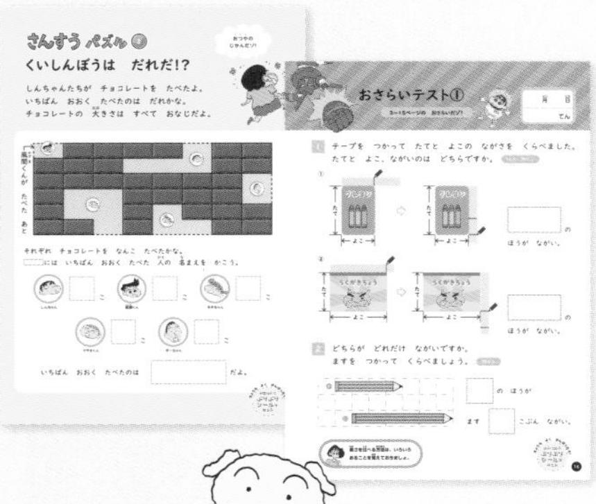

4　かくにんテスト

1年生の　さんすうの　たしかめテストだよ。

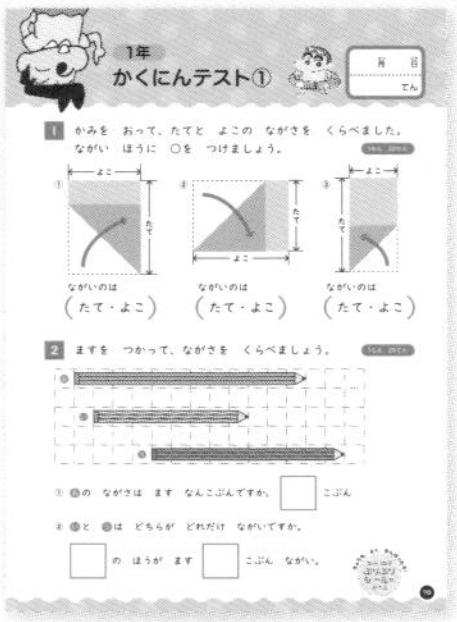

おうちの方へ

- お子さんが学習を終えたら、巻末の「こたえのページ」を参照のうえ、丸つけをしてください。
- 「おさらいテスト」に取り組む際は、ページ下部の「みさえの声かけアドバイス」を参考に、お子さんに声をかけてください。
- 各キャラクターのセリフや言い回しは、原作まんがに準じた表現としています。

1 どちらが　ながい①

母ちゃんの　ために
おどるゾ！

もうすぐ
売り切れ
ですよー。
必ず ゲット
するわよ。
たまご
セール
がやがやがや
大根
1本 80円!!
あっちでも
セールが
始まった…！
しんちゃんは
大根 おねがい!!
いちばん ながいのね。
ブ・ラジャー。
どっちが
ながい～？
わ、
わからん。
パッ
パッ
パッ
はしを
そろえて
くらべて
みてーっ。
なにかを
伝えたそうだゾ、
あの オバさん。
パッ
パッ
パッ
えとえと…、
「大根 もって
ゆかいに
おどれ」？
…なぜ？
なんで きゅうに
おどりだしたの
……!?
へえぇ
たまごセール
しゅうりょうでーす。
おわっちゃった…。
がくっ
ハァ
ハァ
いつまで
つづける
の～～。

おしまい

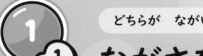

1 ① どちらが　ながい①

ながさを　くらべる①

月　日

よう日

ながさの　くらべかたを　かんがえるのだ!

ながさを　くらべる　ときは　はしを　そろえよう。

まがった　ものは　まっすぐに　のばして　くらべよう。

① くらべかたが　正しい　ものに　○を、
正しく　ない　ものに　×を　つけましょう。

①
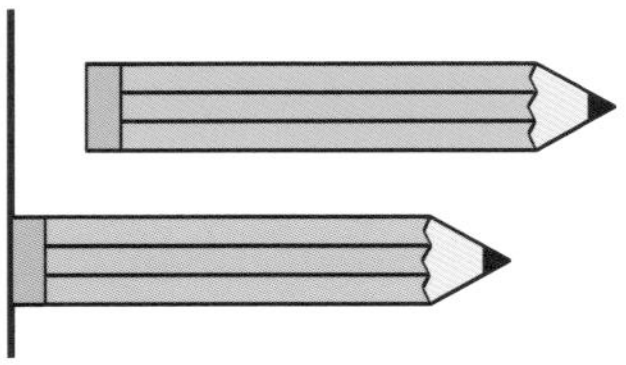
(　　)

②
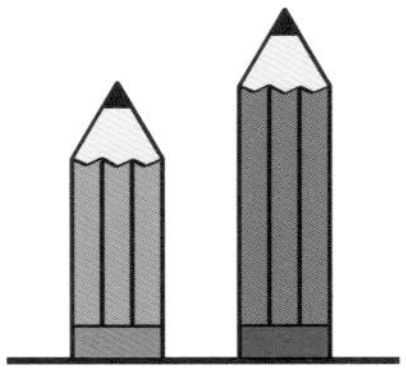
(　　)

③
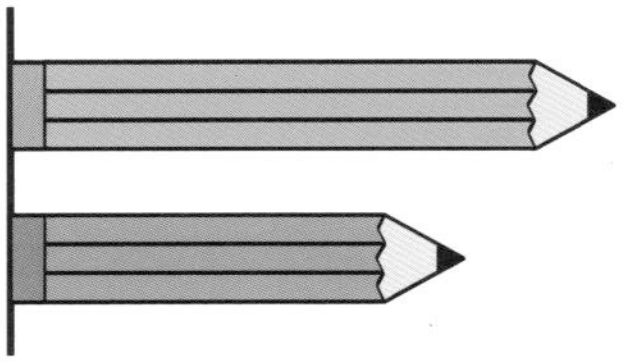
(　　)

④

(　　)

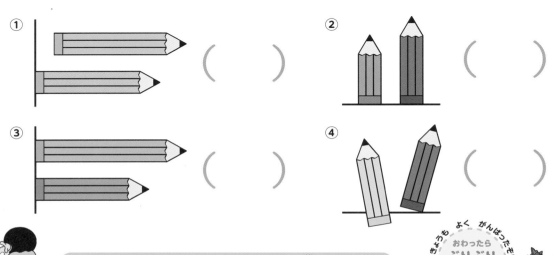

おにいさん、『うんちおパンツ　とものかい』に　入りませんか?

きょうも　よく　がんばったぞ!

おわったら　ぶりぶりシールを　はろう

どちらが　ながい①

1-2 ながさを　くらべる②

月　　日

よう日

1 つぎの　ながさの　くらべかたは　正しく　ありません。どう　すれば　よいですか。ア～ウ から　えらびましょう。

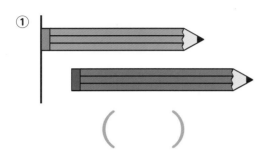

①

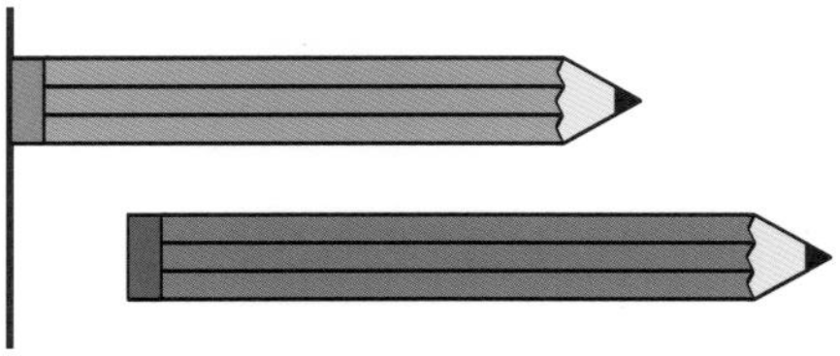

(　　)

②

(　　)

ア　まっすぐに　のばす　　　イ　いろを　おなじに　する
ウ　はしを　そろえる

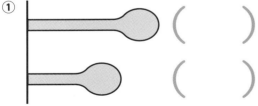

2 ながい　ほうに　○を　つけましょう。

①

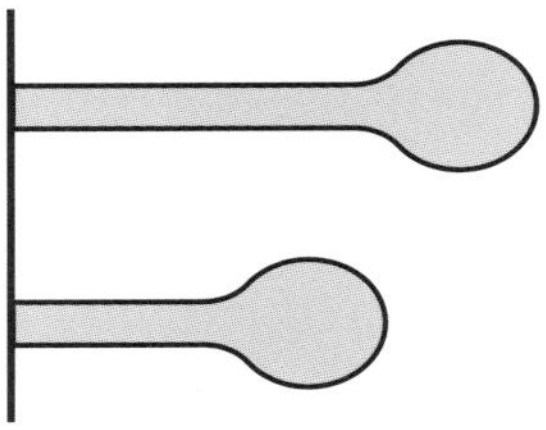

(　　)
(　　)

②

(　　)
(　　)

③

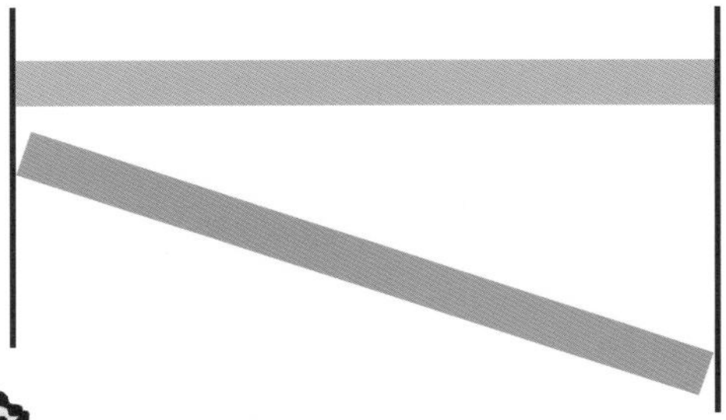

(　　)
(　　)

③は　左の　はしも
右の　はしも　そろって
いる。…と　いう　ことは!?

よしっ　その　ちょうし!!

きょうも　よく　がんばったぞ!
おわったら
ぶりぶり
シールを
はろう

1 3

たてと　よこの ながさ

月（がつ）　日（にち）
よう日（び）

たてと　よこの　ながさの　くらべかたを　かんがえるのだ！

かみを　おって、たてと　よこの　ながさを　くらべよう。

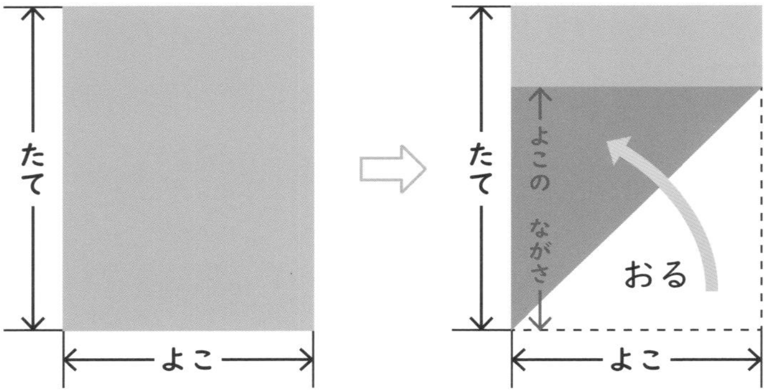
たて
よこ
よこの　ながさ
おる

たての　ほうが
ながいね。

たてと　よこを　ぴったり
かさねるのよ。

1　かみを　おって、たてと　よこの　ながさを
くらべました。　ながい　ほうに　○を　つけましょう。

①

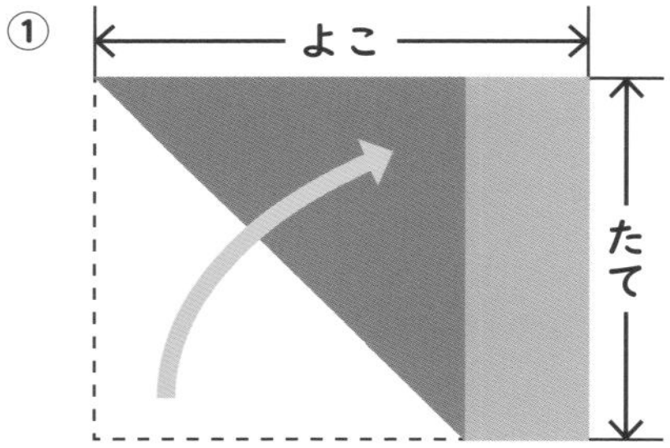
よこ
たて

ながいのは
（　たて・よこ　）

②

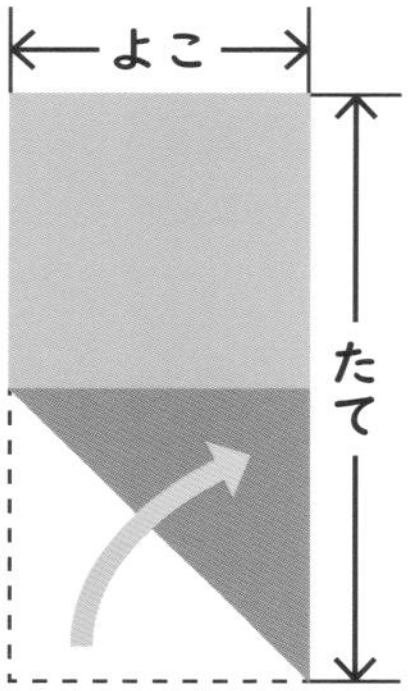
よこ
たて

ながいのは
（　たて・よこ　）

③

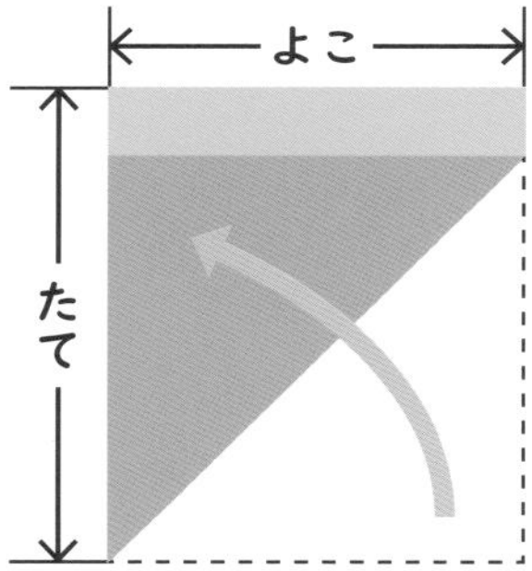
よこ
たて

ながいのは
（　たて・よこ　）

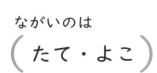

さあ　れんしゅうしよう!!

きょうも　よく　がんばったぞ!
おわったら
ぶりぶりシールを
はろう

どちらが　ながい①

1 4

テープに　うつして　くらべる

月　日
よう日

テープに　たてと　よこの　ながさを　うつしとって　くらべよう！

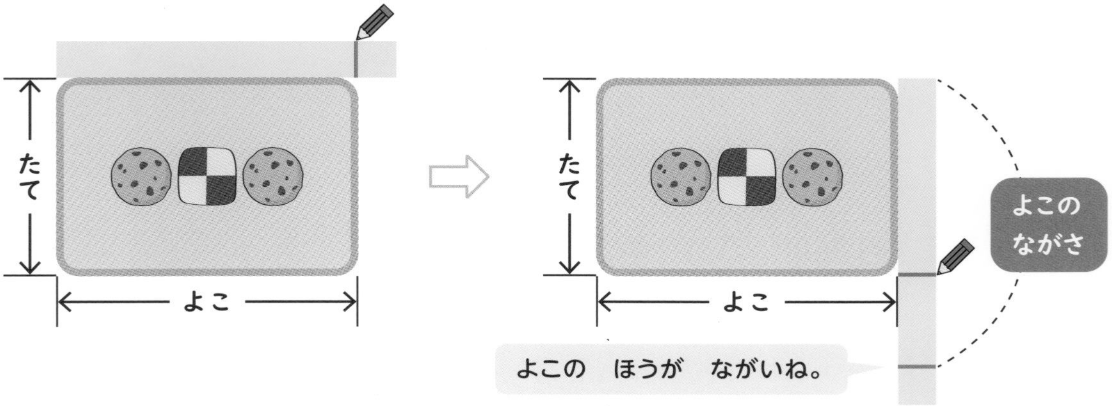

たて
よこ
たて
よこ
よこの ながさ
よこの　ほうが　ながいね。

1

やってみるゾ！　シートを　つかって　とこう！

[1] かみテープを　つかって、みの　まわりの　ものの　たてと　よこの　ながさを　くらべましょう。

くらべる　ものを　かきましょう。（れい）ノート／ふでばこ／リモコン　など

[　　　　　　] の　たて　　[　　　　　　] の　よこ

（　　　　）　　（　　　　）

[1] かみテープに　たてと　よこの　ながさを　うつしとりましょう。
ながい　ほうに　○を　つけましょう。

おかえりなさい　あなたァ。早かったのね　きょうは。

きょうも　よく　がんばったぞ！
おわったら
ぶりぶりシールを
はろう

さんすう パズル ①

オラに
まかせなさい!

風間(かざま)くんの　あんごうを　とけ!

風間(かざま)くんから　手(て)がみを　もらったよ。
①～④の　いちばん　ながい　リボンの
ひらがなを　つなげて、あんごうを　とこう。

しんのすけへ

あした、この　ばしょに　しゅうごうして　サッカーを　しよう。

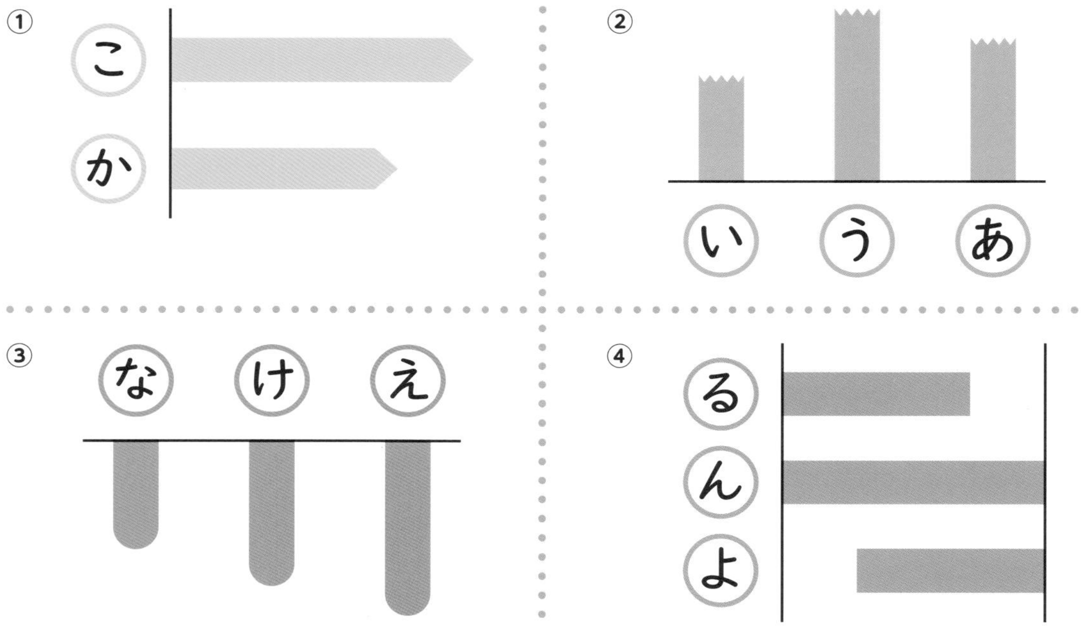
①
こ
か
②
い
う
あ
③
な
け
え
④
る
ん
よ

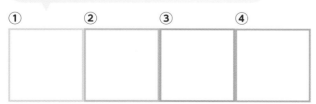

ひらがなを　じゅんに　かこう。

① ② ③ ④

に　しゅうごうだ!

きょうも　よく　がんばったぞ!
おわったら
ぶりぶり
シールを
はろう

2　どちらが　ながい②

おそうじは
たいへんだゾ！

ゆかの ぞうきんがけ おねがいね。
私は 空箱の かたづけよん。
へーい。
まずは じゅんび運動。
どーせなら ノリの いい 曲で やろ。
ポチ
じゅんび うんどう ヨウヨウヨウ。
じゅんび うんどう ヨウヨウヨウ。
カラダは ほぐれた けど…。
きあい 入れすぎ ちゃったね。
ハァ ハァ
ハァ ハァ
ちょっと 休けい。
プシュ
ぐび
働く まえから 休むなーっ !!
15 分ご
ふぅ～、オラ めちゃ ふいたなあ。
こっちの ほうが ふいてるけどねー。
ぷーっ、ぜったい オラだもん。
だったら 箱を つかって そうじした ながさくらべだ。
バチバチ
結果発表
ひろし
しんちゃん
……。
はい オラの 勝ち ──!!
ズーン
かたづけた 箱で あそぶなーっ !!

おしまい

2-1 ものを　つかって　くらべる①

月(がつ)　日(にち)

よう日(び)

おなじ　大(おお)きさの　ものを　つかって、ながさを　くらべるのだ！

あ

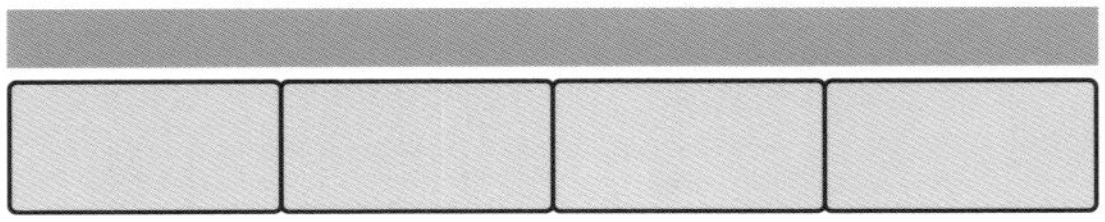

はこ　4こぶん

い

はこ　5こぶん

はこ　４こぶんと　５こぶんでは、５こぶんの　ほうが　ながい。
だから、いの　ほうが　ながい　ことが　わかるね。

1　ながい　ほうに　○を　つけましょう。

①

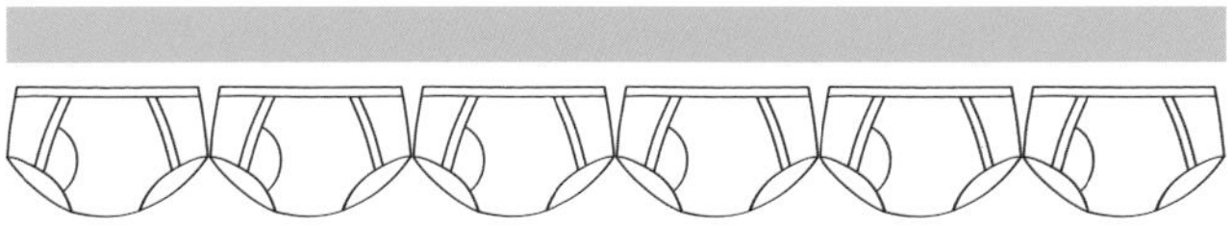

(　　　)

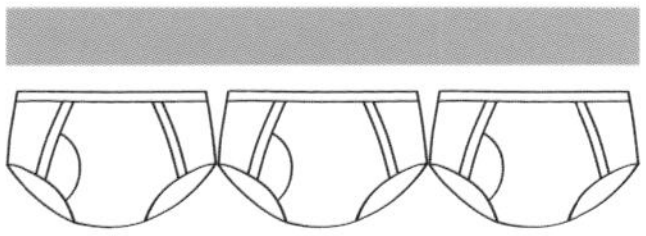

(　　　)

②

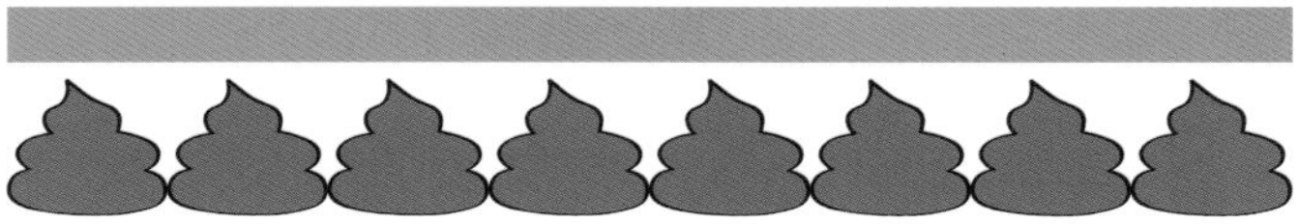

(　　　)

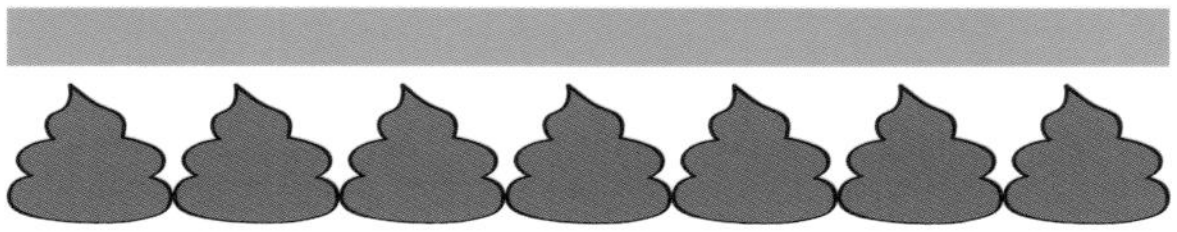

(　　　)

きゃきゃ。

きょうも　よく　がんばったぞ！
おわったら
ぶりぶり
シールを
はろう

2-2 ものを　つかって　くらべる②

月（がつ）　　日（にち）

よう日（び）

1　みさえの　ほうせきを　つかって、
ながさを　くらべましょう。

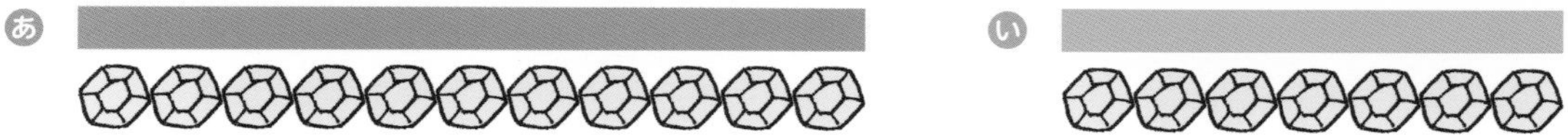

あ
い

① あと　いの　ながさは
ほうせき　なんこぶんですか。　あ ☐ こぶん　い ☐ こぶん

② あは　いより　ほうせき　なんこぶん　ながいですか。　☐ こぶん

2　ボールを　つかって、ながさを　くらべましょう。

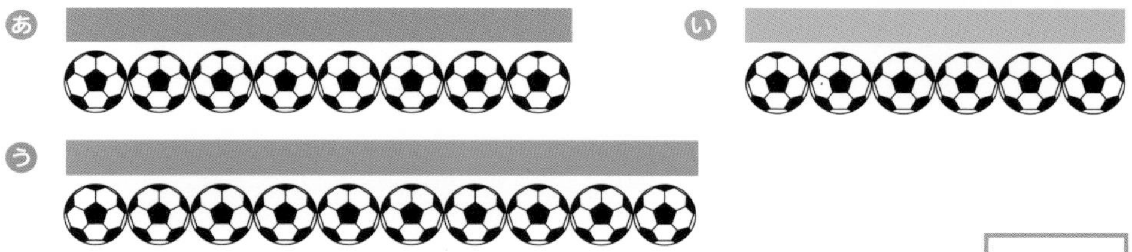

あ
い
う

① あの　ながさは　ボール　なんこぶんですか。　☐ こぶん

② いちばん　ながいのは　あ～うの　どれですか。　☐

③ あと　いでは、どちらが　どれだけ　ながいですか。

☐ の　ほうが　ボール ☐ こぶん　ながい。

ん？　やだ　すっかり　ねちゃった。夕（ゆう）はんの　したく　しなきゃ。

きょうも　よく　がんばったぞ！
おわったら
ぶりぶりシールを
はろう

2
3

ますを　つかって　くらべる①

月　日
よう日

ますが　なんこぶんかを　かぞえて、ながさを　くらべるのだ！

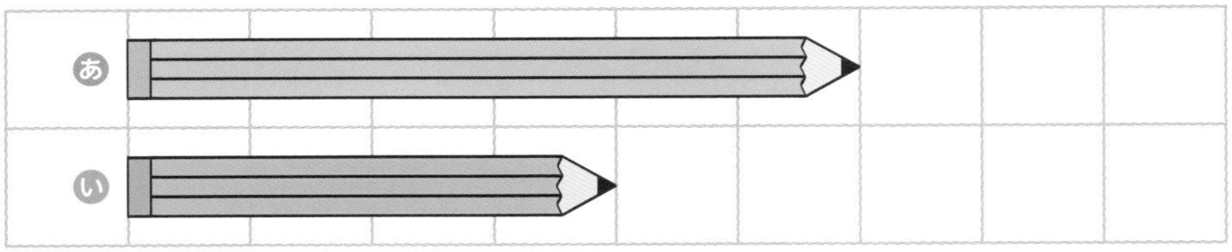
あ
い

あは　ます　６こぶん、いは　ます　４こぶん。
あの　ほうが　ます　２こぶん　ながい　ことが　わかるね。

1　ますを　つかって、ながさを　くらべましょう。

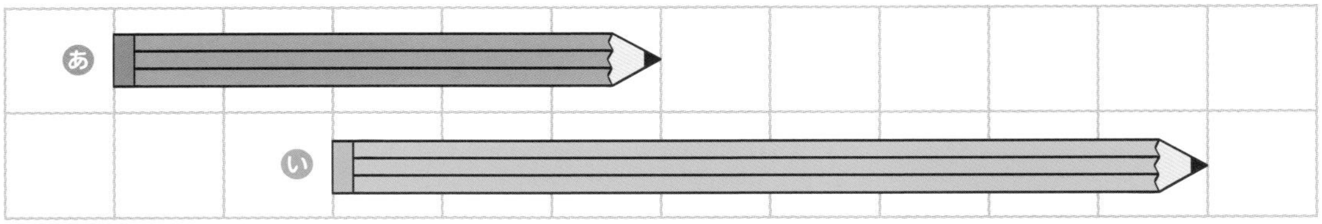
あ
い

① あと　いの　ながさは
ます　なんこぶんですか。　あ □ こぶん　い □ こぶん

② いは　あより　ます　なんこぶん　ながいですか。　□ こぶん

はしが　そろって　いなくても、
ますを　かぞえると、ながさの
ちがいが　わかりますね。

おたがい　たいへんですね。

きょうも　よく　がんばったぞ！
おわったら
ぶりぶりシールを
はろう

2-4 ますを　つかって　くらべる②

月　日

よう日

① ながい　じゅんに　（　）に　１、２、３と
すう字を　かきましょう。

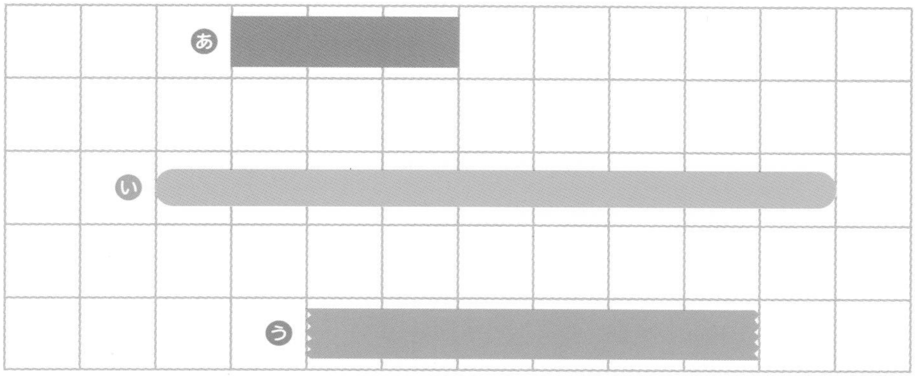
あ
い
う

あ（　　）
い（　　）
う（　　）

② ますを　つかって、ながさを　くらべましょう。

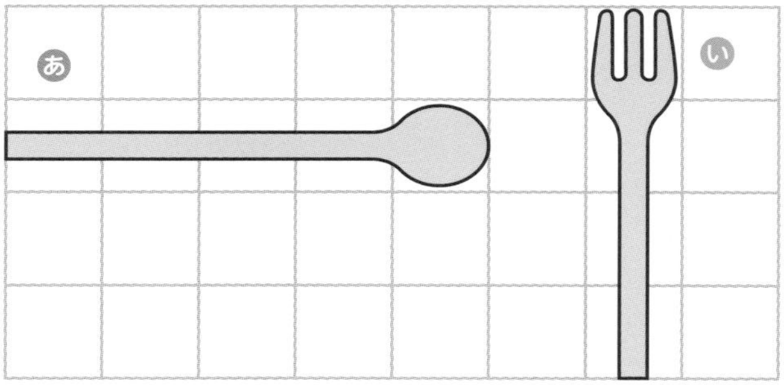
あ
い

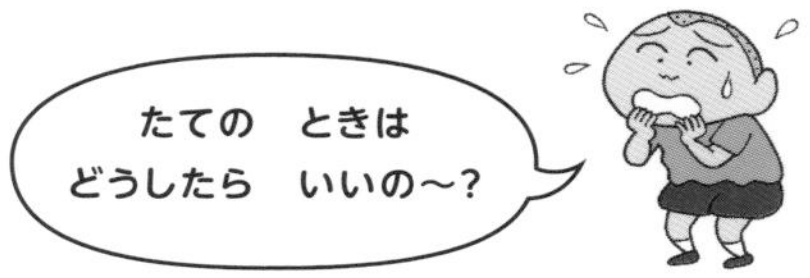
たての　ときは
どうしたら　いいの～？

たての　ほうこうに
ますを　かぞえて
みてね。

① あと　いの　ながさは
ます　なんこぶんですか。

あ □ こぶん　い □ こぶん

② あは　いより　ます
なんこぶん　ながいですか。

□ こぶん

なんだか　げん気が　出てきた。

きょうも　よく　がんばったぞ！
おわったら
ぶりぶり
シールを
はろう

どちらが　ながい②

2 5 ますを　つかって　くらべる③

月　　日

よう日

① ますを　つかって、ながさを　くらべましょう。

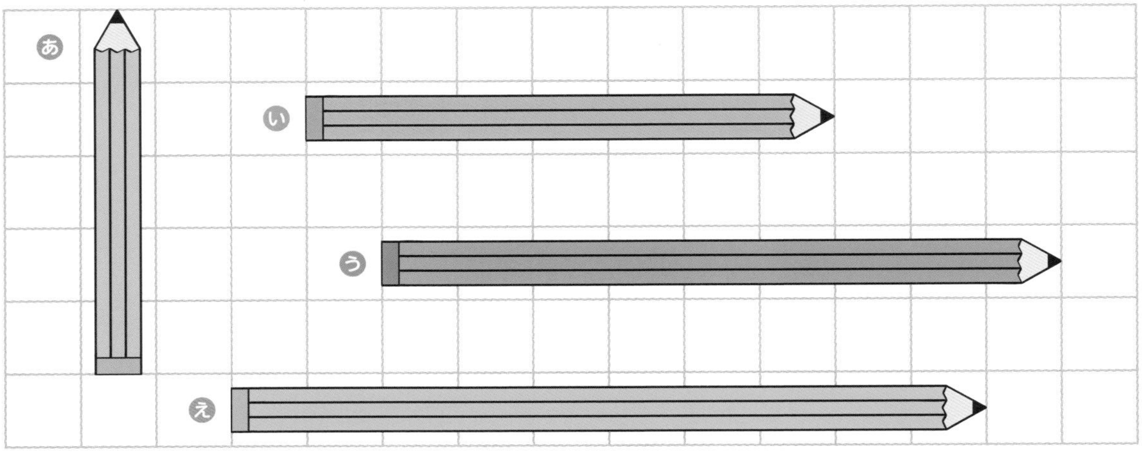

あ
い
う
え

① あの　ながさは　ます　なんこぶんですか。 □ こぶん

② いと　うは　どちらが　どれだけ　ながいですか。

□ の　ほうが　ます □ こぶん　ながい。

③ うと　えは　どちらが　どれだけ　ながいですか。

□ の　ほうが　ます □ こぶん　ながい。

④ いちばん　ながいのは　あ～えの　どれですか。 □

さあ!!　気あい　入れるよ!!

きょうも　よく　がんばったぞ!

おわったら　ぶりぶりシールを　はろう

ますを　つかって　くらべる④

月　日
よう日

まがった　せんの　ながさを　くらべるのだ！

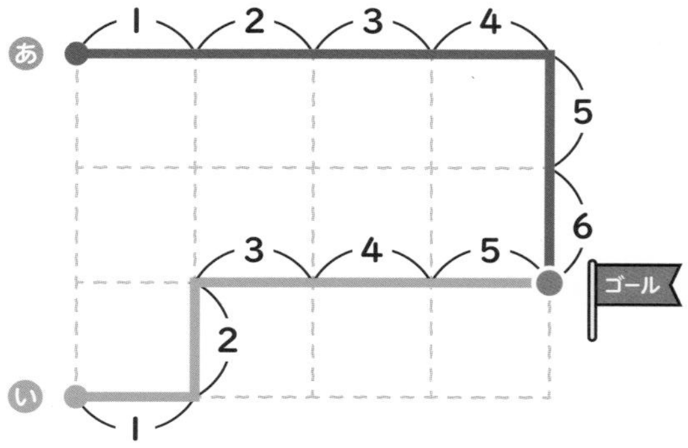
あ
1
2
3
4
5
6
ゴール
い
1
2
3
4
5

ますを　かぞえて、ゴールまでの　ながさを　くらべよう。

あ → ゴール　ます　6こぶん。

い → ゴール　ます　5こぶん。

あの　ほうが　ながいね。

① しんちゃんと　風間くんが　こうえんまで　あるいて　いきます。どちらが　とおいですか。（　）に　○を　つけましょう。

ますの　かずを　くらべると　どちらが　とおいか　わかるわよ。

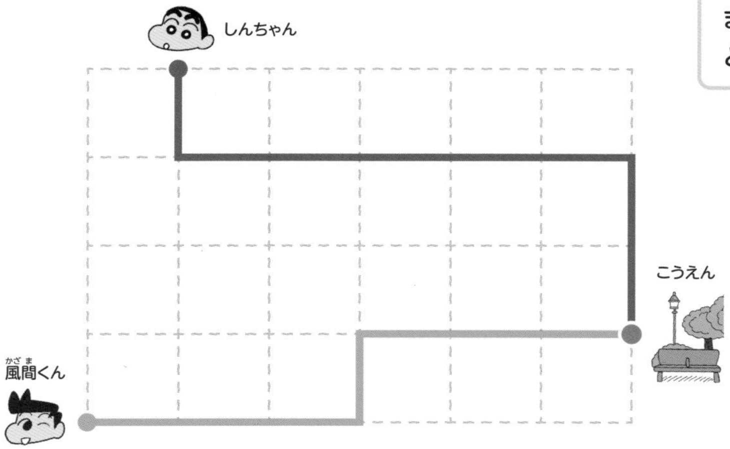
しんちゃん
こうえん
風間くん

こうえんまで　とおいのは

しんちゃん（　　）

風間くん（　　）

です。

名のるほどの　ものじゃ　ございません。

きょうも　よく　がんばったぞ！
おわったら
ぶりぶりシールを
はろう

おさらいテスト①

3～15ページの　おさらいだゾ！

NASU

月(がつ)　日(にち)

てん

1　テープを　つかって　たてと　よこの　ながさを　くらべました。
たてと　よこ、ながいのは　どちらですか。　1もん　30てん

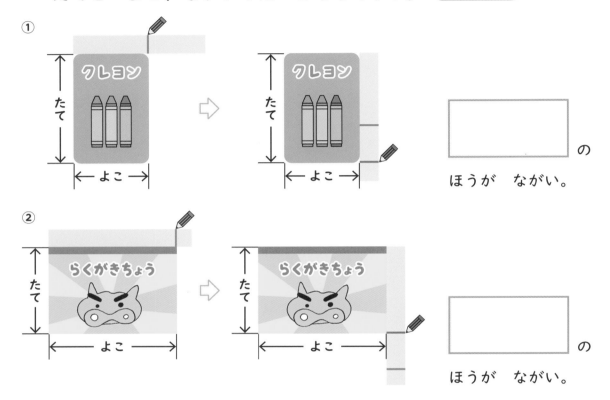

①

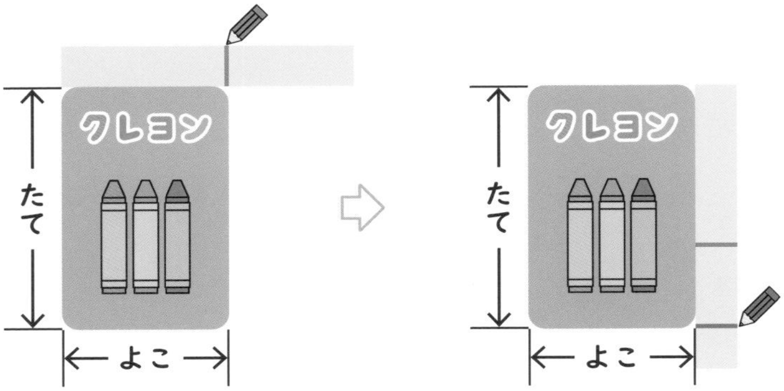

クレヨン
たて
よこ
クレヨン
たて
よこ

［　　　］の
ほうが　ながい。

②

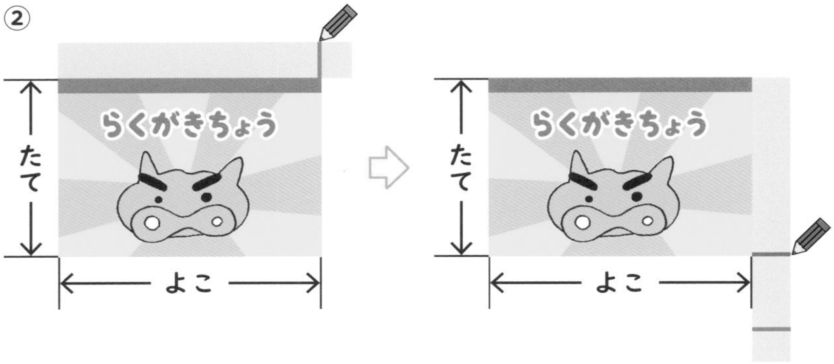

らくがきちょう
たて
よこ
らくがきちょう
たて
よこ

［　　　］の
ほうが　ながい。

2　どちらが　どれだけ　ながいですか。
ますを　つかって　くらべましょう。　40てん

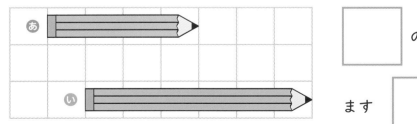

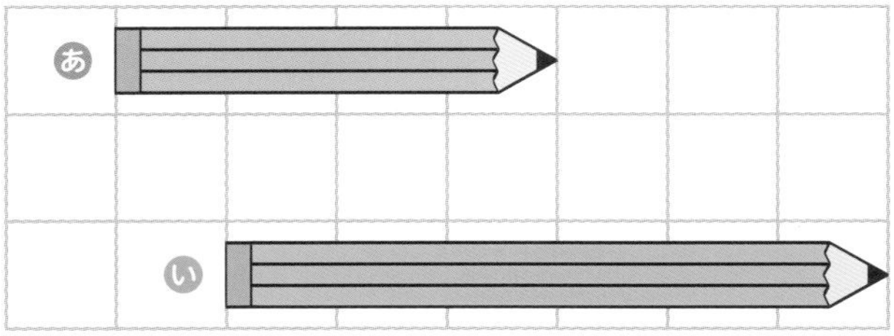

あ
い

［　］の　ほうが

ます［　］こぶん　ながい。

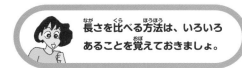

長(なが)さを比(くら)べる方法(ほうほう)は、いろいろ
あることを覚(おぼ)えておきましょ。

きょうも　よく　がんばったぞ！
おわったら
ぶりぶりシールを
はろう

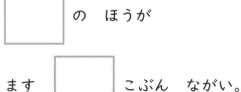

3 なんじ　なんじはん

とけいの　はりを
ずらしちゃうゾ！

しんのすけ、
おきる じかんよー。
ん〜
7じ
くりっ
6じ 30 ぷん
ちゃんと
とけい 見てー。
あれ、
まだ 7じ前？
ごめーん。
じかんに
よゆうの ある
朝は ゆうがに
ティータイム
よね。
プップーーッ
ぶーーっ
ええっ、なぜ
もう バスが？
げっ、
もう 8じ !?
ブォ〜
あああ、
まって…。
…あんた、
とけいの
はり
ずらしたね…。
ぎくっ。
ぴゅーーん
その はやさで
うごけるなら
バス 間に合った
やろ——っ。

おしまい

3 ① なんじ　なんじはん

なんじ①

月　日
よう日

とけいを　よんで　みるのだ！

ながい　はり

なんぷんかを
しめす。12に
ある　ときは
「◯じ」と　よむ。

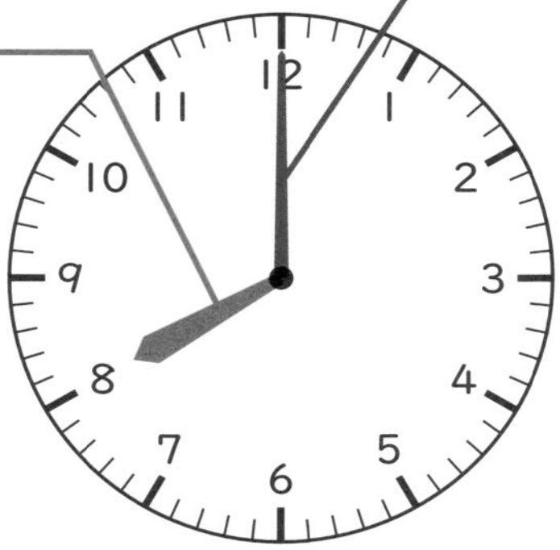
12 1 2 3 4 5 6 7 8 9 10 11

みじかい　はり

なんじかを　しめす。

みじかい　はりが　8
ながい　はりが　12
の　ところに　あるから　「8じ」だよ。

とけいの
はりは
右まわりだゾ！

① とけいを　よみましょう。

①

12 1 2 3 4 5 6 7 8 9 10 11

みじかい　はりが ☐ 、ながい　はりが ☐ の
ところに　あるから ☐ じ。

はりが　どの　すう字を
さして　いるか
よく　見よう！

②

12 1 2 3 4 5 6 7 8 9 10 11

☐ じ

③

12 1 2 3 4 5 6 7 8 9 10 11

☐ じ

だいじょうぶよ、いっしょうけんめい　やったんだから。

きょうも　よく　がんばったぞ！
おわったら
ぶりぶりシールを
はろう

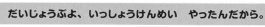

3 ②

なんじ　なんじはん

なんじ②

月（がつ）　日（にち）

よう日（び）

1　２じの　とけいは　どれですか。
（　）に　○を　つけましょう。

①

（　）

②

（　）

③

（　）

2　［　］の　中（なか）の　じかんに　あわせて、ながい　はりや　みじかい　はり、または　りょうほうを　かきましょう。

①　［１じ］

②　［12じ］

③　［９じ］
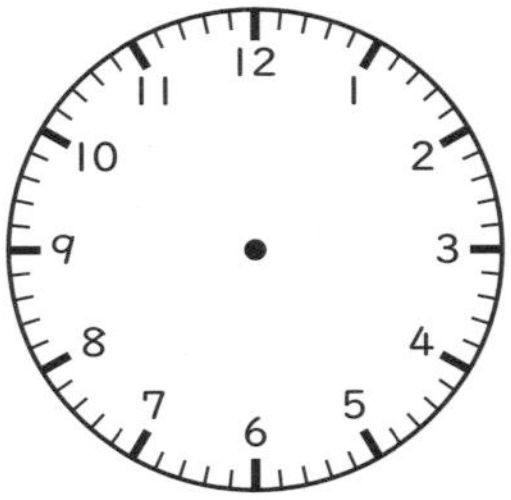

④　［５じ］
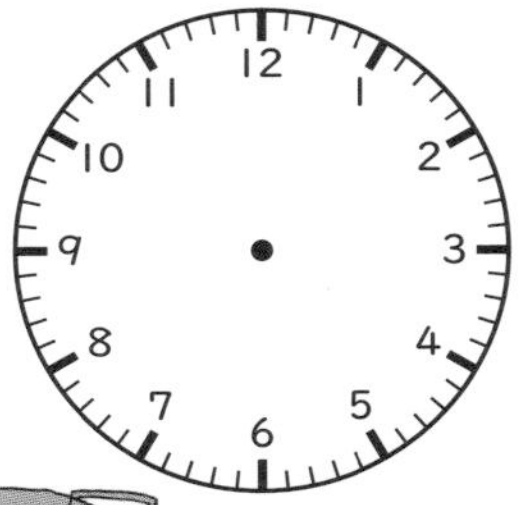

⑤　［７じ］
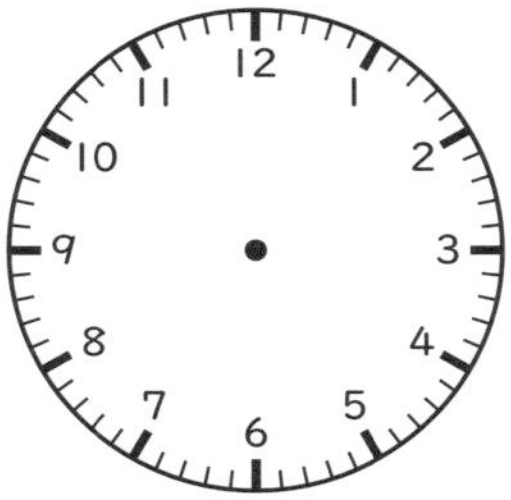

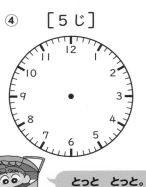

そうそう!
その
ちょうし～!

とっと　とっと。

きょうも　よく　がんばったぞ!
おわったら
ぶりぶり
シールを
はろう

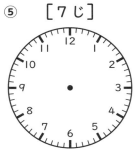

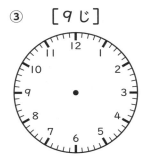

3 3

なんじ　なんじはん

なんじはん①

月　日

よう日

「なんじはん」の　とけいを　よむのだ！

みじかい　はり

すう字と　すう字の　あいだに　ある　ときは　小さい　すう字を　よむ。

ながい　はり

6に　ある　ときは　「◯じはん」と　よむ。

みじかい　はりが
12と　1の
あいだに　ある
ときは　「12じ」と
よむぞ。

みじかい　はりが　10と　11の　あいだ、ながい　はりが　6　の　ところに　あるから　「10じはん」だよ。

1　とけいを　よみましょう。

①

みじかい　はりが　□　と　□　の　あいだ、

ながい　はりが　□　だから　□　じはん。

②

□　じはん

③

□　じはん

この　あと　オニごっこ　やろーよ。

きょうも　よく　がんばったぞ！

おわったら　ぶりぶりシールを　はろう

なんじはん②

月（がつ）　日（にち）
よう日（び）

1　８じはんの　とけいは　どれですか。
（　）に　○を　つけましょう。

①

（　）

②

（　）

③

（　）

2　［　］の　中（なか）の　じかんに　あわせて、
ながい　はりを　かきましょう。

①［５じはん］

②［１０じはん］

③［２じはん］

④［７じはん］

⑤［１じはん］

じかんは
ちゃんと
まもろうね！

まぁ　ガンバッて…。

きょうも　よく　がんばったぞ！
おわったら
ぶりぶり
シールを
はろう

さんすう パズル ②

ききとり
ちょうさだゾ!

いちばん　早く　ねたのは？

いちばん　早く　ねたのは　だれかな？
□に　名まえを　かこう。

みんなは　きのう
なんじに　ねた?
オラは　8じだゾ!

ちょうさ　スタート!

ぼくが
ねたのは…。
12
1
2
3
4
5
6
7
8
9
10
11

マサオくん

□ じはん

わたしはね…。
12
1
2
3
4
5
6
7
8
9
10
11

ネネちゃん

□ じ

うーんと…。
12
1
2
3
4
5
6
7
8
9
10
11

ボーちゃん

□ じ

いつもより
早く　ねたよ!
12
1
2
3
4
5
6
7
8
9
10
11

風間くん

□ じはん

アクションようちえん　つうしん

かすかべぼうえいたいで
いちばん　早く　ねたのは　□　だゾ！

きょうも　よく　がんばったぞ!
おわったら
ぶりぶり
シールを
はろう

4 なんじなんぷん

父ちゃんのおしごとをのぞいちゃうゾ!

双葉商事
よーし 今日もがんばるぞ。
9じ
カチャ
野原くん、10じからの会議たのんだよ。
9じ 12ふん
!!
やっぱーっ!! 会議で つかう資料を つくるのわすれてた～。
ガーン
会議まであと45ふん。
9じ 15ふん
カタ カタ カタ
のこり30ぷんっ! うおおおっ。
9じ 30ぷん
カタタッ カタタッ
センパーイ。
9じ 50ぷん
ズダダダダ
すまん川口あとで!!
おっしゃーっ、ギリギリセーフ!!
9じ 57ふん
ターん
…わるかったななにか 用か?
ハイ。
きょうの会議なくなりました。
10じ
ガッシャーン

おしまい

4-1 なんじなんぷん

なんじなんぷん①

月(がつ)　日(にち)
よう日(び)

なんぷんかを　よむのだ！

ながい　はりで
なんぷんかを
よむよ。

ながい　はりは
60めもりで
1しゅうするゾ。

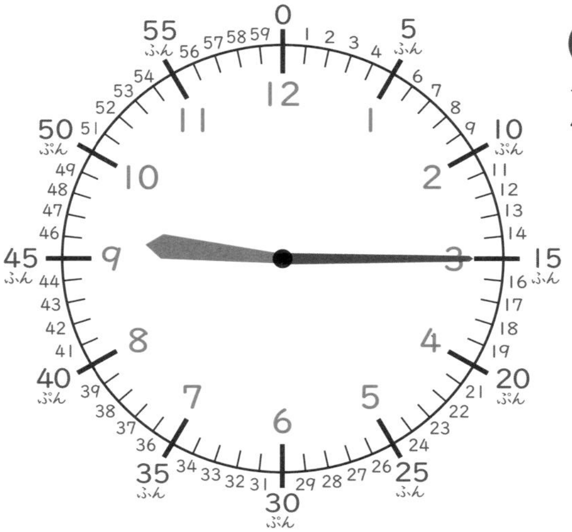

0 1 2 3 4 5 6 7 8 9 10 11 12 13 14 15 16 17 18 19 20 21 22 23 24 25 26 27 28 29 30 31 32 33 34 35 36 37 38 39 40 41 42 43 44 45 46 47 48 49 50 51 52 53 54 55 56 57 58 59
5ふん 10ぷん 15ふん 20ぷん 25ふん 30ぷん 35ふん 40ぷん 45ふん 50ぷん 55ふん
12 1 2 3 4 5 6 7 8 9 10 11

ながい　はり

小(ち)さい　1めもりは
「1ぷん」を　あらわす。

ながい　はり　が
15めもり　の
ところに　あるから
「15ふん」だよ。

なんじなんぷんかを　よむのだ！

みじかい　はり
が　10と
11の　あいだ　の
ところに　あるから
「10じ」だね。

12 1 2 3 4 5 6 7 8 9 10 11

ながい　はり
が　23めもり　の
ところに　あるから
「23ぷん」だよ。

この　とけいの　じこくは「10じ23ぷん」。

サラリーマンだって　やるときゃ　やるぞ！

きょうも　よく　がんばったぞ！
おわったら
ぶりぶりシールを
はろう

なんじなんぷん②

月 日

よう日

はじめる　まえに
いつ　はじめたかを
かいてね。

この　ページを　はじめた　じこく

じ　ふん（ぷん）

1　とけいを　よみましょう。

①
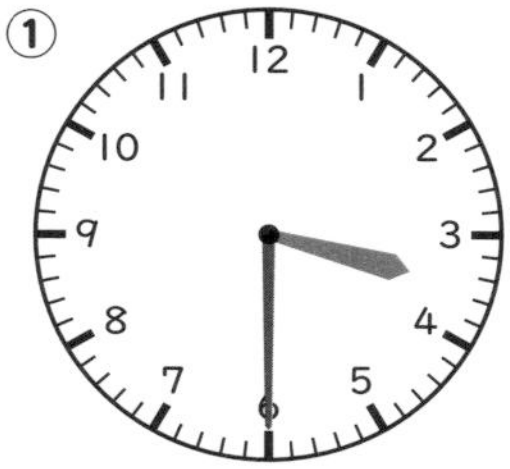

３じ □ ぷん

②

１１じ □ ふん

③

□ じ □ ぷん

④

□ じ □ ぷん

とけいを　よめるなんて
すってき～～！

⑤

□ じ □ ふん

⑥

□ じ □ ふん

いつ
おえたのかも
かきましょう。

この　ページを　おえた　じこく

じ　ふん（ぷん）

ヘッヘッヘッ。

きょうも　よく　がんばったぞ！
おわったら
ぶりぶりシールを
はろう

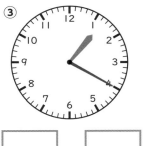

なんじなんぷん③

月　日
よう日

この　ページを　はじめた　じこく
じ　ふん（ぷん）

1　［　］の　中の　じこくに　あわせて、ながい　はりを　かきましょう。

①［3じ 25ふん］

②［7じ 55ふん］

③［10じ 46ぷん］

④［2じ 6ぷん］

⑤［6じ 35ふん］

もう　すこしだけ…
がんばろう…。

⑥［12じ 12ふん］

⑦［8じ 47ふん］

この　ページを　おえた　じこく
じ　ふん（ぷん）

ふうー　おわったぁ。

きょうも　よく　がんばったぞ！
おわったら　ぶりぶりシールを　はろう

4 なんじなんぷん④

月　　日

よう日

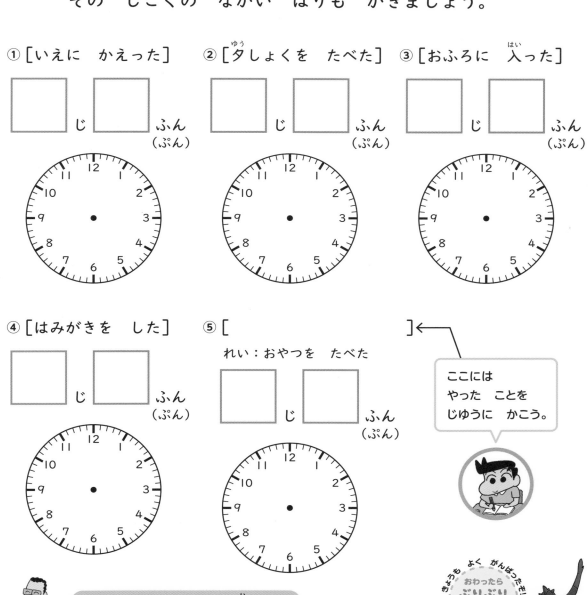

1 あなたは　きょう、なんじに　[　]の　中の　ことを
しましたか。□に　すう字を　かきましょう。
その　じこくの　ながい　はりも　かきましょう。

① [いえに　かえった]

□ じ □ ふん（ぷん）

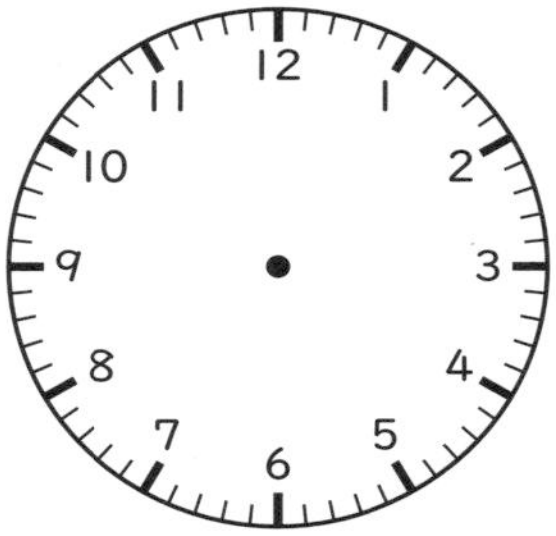

② [夕しょくを　たべた]

□ じ □ ふん（ぷん）

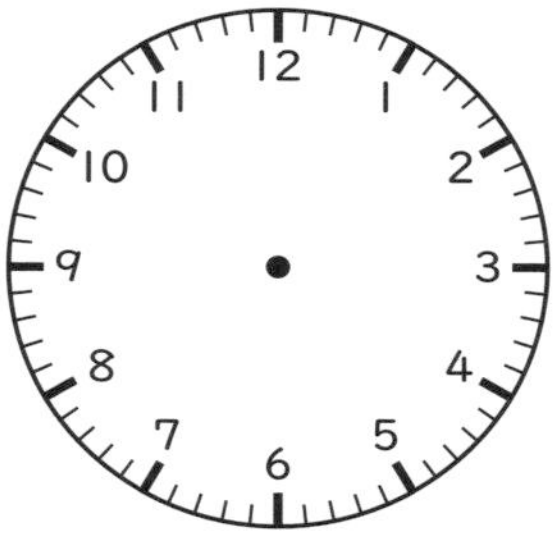

③ [おふろに　入った]

□ じ □ ふん（ぷん）

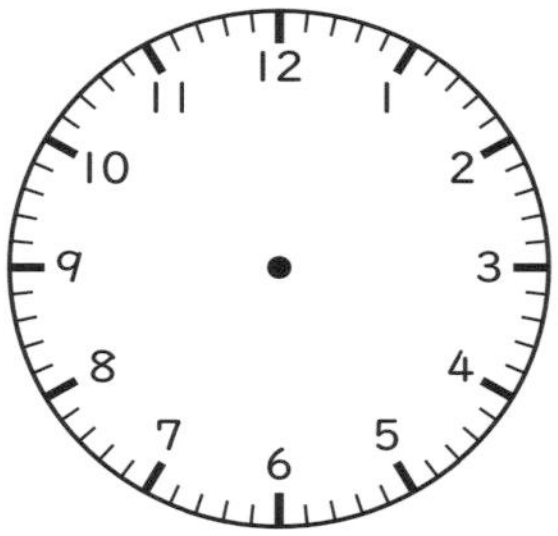

④ [はみがきを　した]

□ じ □ ふん（ぷん）

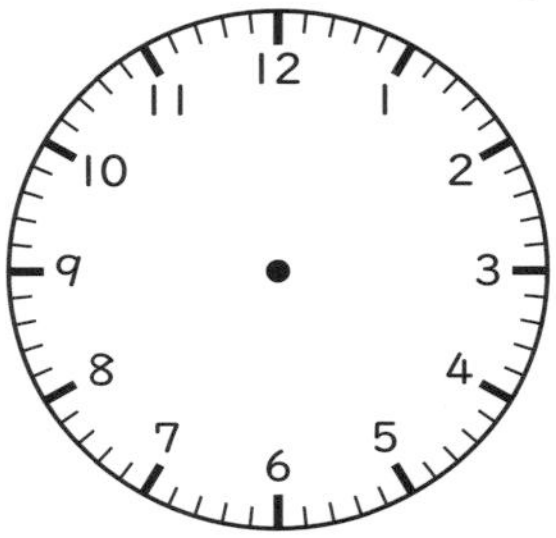

⑤ [　　　　　　　　]

れい：おやつを　たべた

□ じ □ ふん（ぷん）

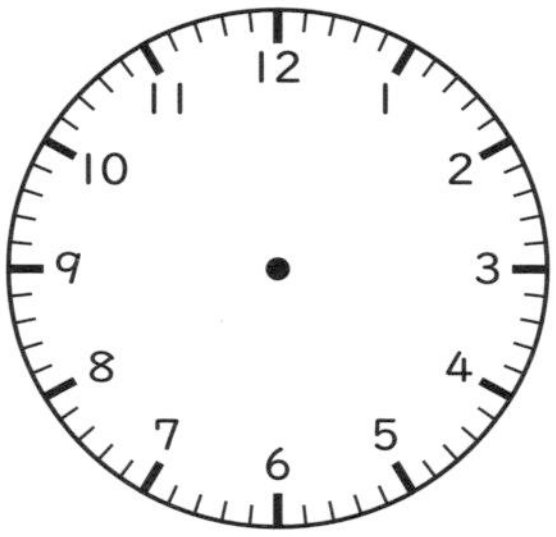

ここには
やった　ことを
じゆうに　かこう。

いいなァ、ほんのうの　ままに　生きてて。

きょうも　よく　がんばったぞ！
おわったら
ぶりぶりシールを
はろう

おさらいテスト②

17〜27ページの　おさらいだゾ！

月　　日

てん

1 □に　あてはまる　すう字を　かきましょう。

①〜②　10てん
③　20てん

① しんちゃんが　チョコビを　たべた　じこく　□じ

② ひまわりが　あそんで　いた　じこく　□じはん

③ 風間くんが　なわとびを　した　じこく　□じ　□ふん

2 [　] の　中の　じかんに　あわせて、ながい　はりを　かきましょう。

1もん　20てん

① [4じ 12ふん]

② [12じ 30ぷん]

③ [8じ 51ぷん]

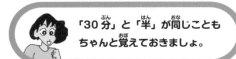

「30分」と「半」が同じことも
ちゃんと覚えておきましょ。

きょうも　よく　がんばったぞ！
おわったら
ぶりぶりシールを
はろう

5 どちらが　おおい

カザマくんちに
おじゃまするゾ！

そろそろ 休けいしよう。
ママー、おやつ おねがい。
しんちゃん 来たわよ。
タイミング いいやつ だな。
ほい
オレンジジュースと リンゴジュース、しんのすけは どっち?
りょうが おおそうな オレンジ。
少しは えんりょしろよ…。いいけどさ。
いっぱい 飲んで すこやかに 育ってね。
だったら そっち よこせ。
とぷ とぷ とぷ
あらら? カザマくんの リンゴジュースの ほうが おおかったぞ…。
やった
欲張るからだよ。
じゃ、そのぶん クッキーは オラが おおめに…。
なんで そう なるん だよっ。
さっ
いいじゃん いいじゃん。
あ――っ、ボクの ぶんをっ。
どた ばた
モゴッ。
かえせーっ。
おなか いっぱいに なったから 帰る。
けぷ
ハァ ハァ
まったく 休けいに ならなかった。

おしまい

どちらが　おおい

5 1 入れものを　つかって　くらべる①

月　日

よう日

おなじ　大きさの　入れもので　りょうを　くらべるのだ！

おなじ　大きさの　入れものに　うつすと、
水の　たかさで　りょうを　くらべる　ことが　できるよ。

あ
い

いの　ほうが
水が　たかいから、
いの　ほうが
りょうが　おおいね。

水の　たかさが　おなじ　ときの　りょうを　くらべるのだ！

水の　たかさが　おなじ　ときは、入れものの　大きさで
水の　りょうを　くらべる　ことが　できるよ。

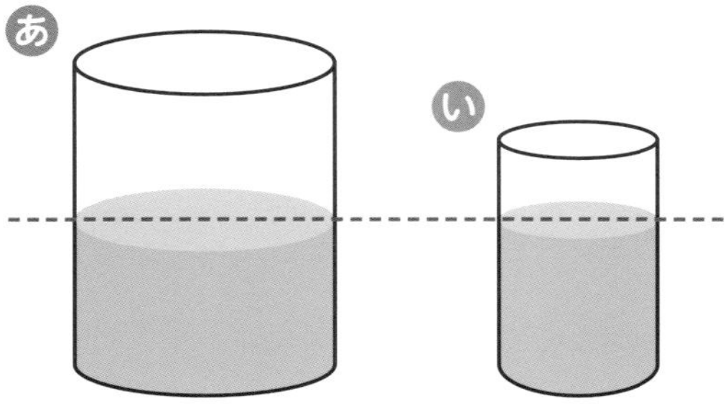

あ
い

いの　入れものの
ほうが　小さいから、
水の　りょうは
あより　すくないよ。

おーい、この　あと　かくれんぼ　やろーよ。

きょうも　よく　がんばったぞ！
おわったら　ぶりぶりシールを　はろう

5-2

どちらが　おおい

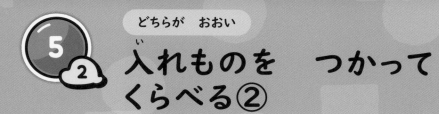

入れものを　つかって　くらべる②

月　　日

よう日

1

水が　おおく　入って　いるのは　どちらですか。
おおい　ほうの　（　）に　○を　つけましょう。

①

（　　）（　　）

②

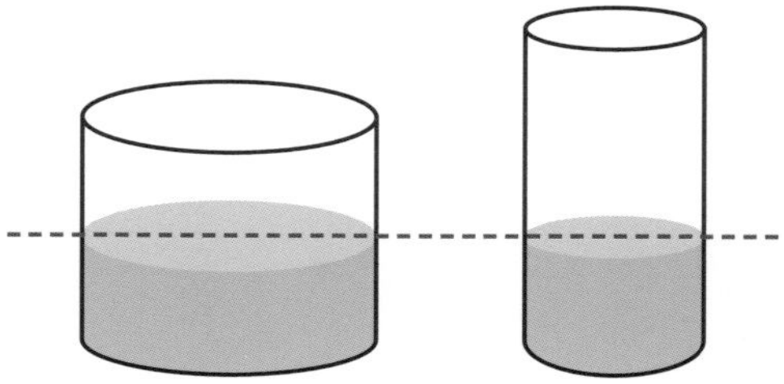

（　　）（　　）

2

水が　おおい　じゅんに、（　）に　1、2、3と
すう字を　かきましょう。

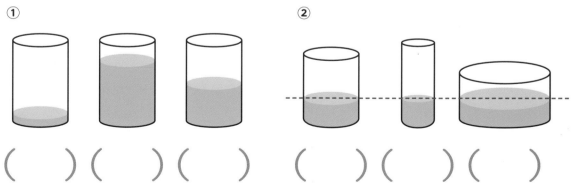

①

（　　）（　　）（　　）

②

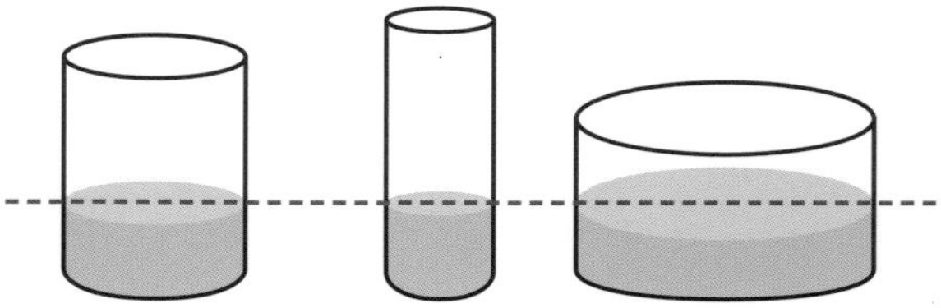

（　　）（　　）（　　）

じゃ　ボクの　げい　見る？

きょうも　よく　がんばったぞ！
おわったら
ぶりぶり
シールを
はろう

水を　うつして　くらべる①

月　日
よう日

水が　たくさん　入るのは　どちらの　入れものかな？

あに　いっぱいに　入れた　水を　いと　うに　うつす。

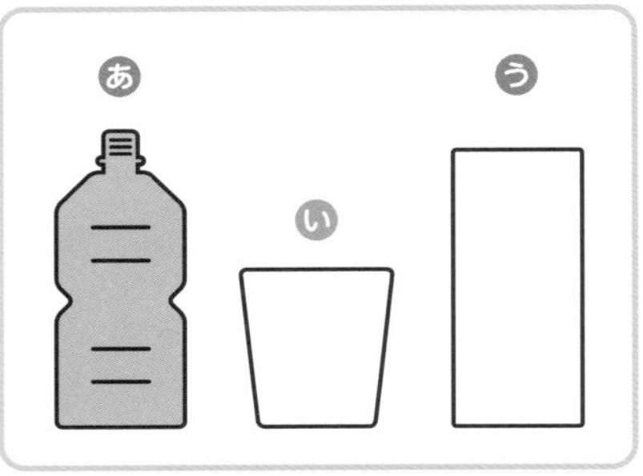

あ
い
う

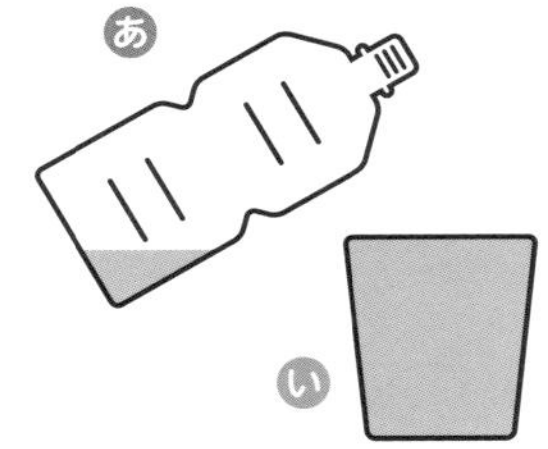

あ
い

あに　まだ　水が　のこって　いるから、

いより　あの　ほうが　たくさん　入る。

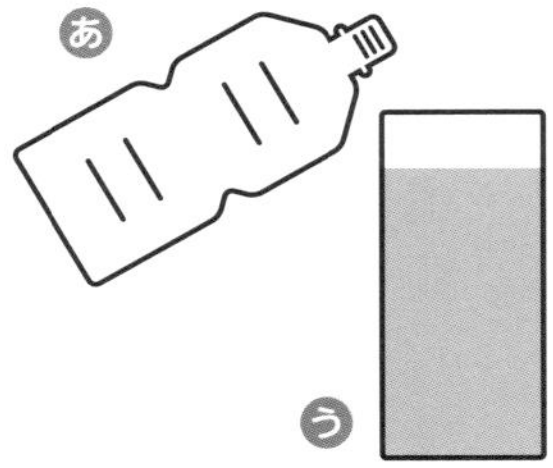

あ
う

うに　まだ　水が　入るから、

あより　うの　ほうが　たくさん　入る。

1　水が　おおく　入るほうに　○を　つけましょう。

① 

あ
い

② 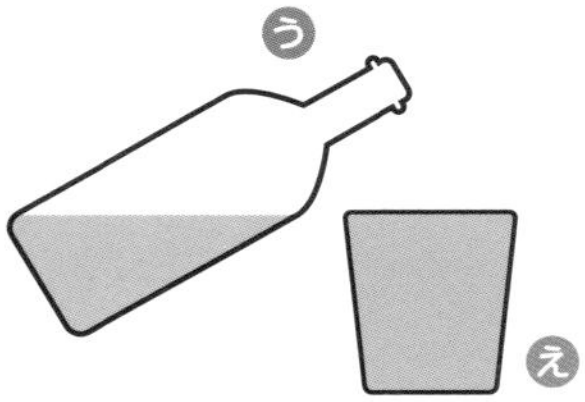

う
え

③ 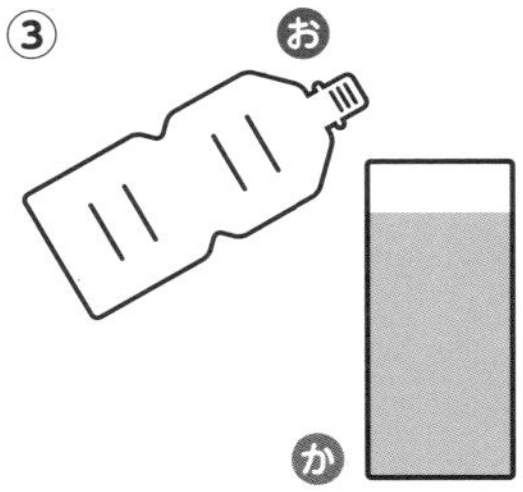

お
か

（ あ ・ い ）　（ う ・ え ）　（ お ・ か ）

あと　うには　水が　のこって　いる…。

くぉら――っ　クソガキども　さっさと　きょうしつ　入りやがれ！

きょうも　よく　がんばったぞ！　おわったら　ぶりぶりシールを　はろう

水を　うつして　くらべる②

月　　日
よう日

1　3つの　入れものに　入る　水の　りょうを　くらべます。
□に　あてはまる　きごうを　かきましょう。

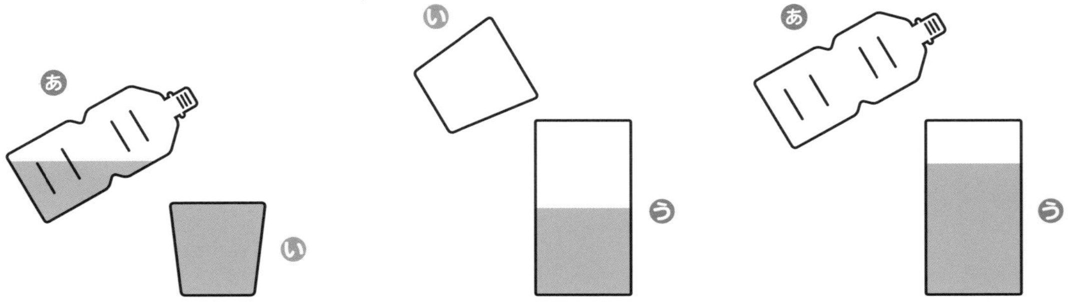
あ
い
い
う
あ
う

あに　いっぱいに　入れた　水を　いに　うつした。

いに　いっぱいに　入れた　水を　うに　うつした。

あに　いっぱいに　入れた　水を　うに　うつした。

① あと　いでは　どちらが　おおく　入りますか。 □

② いと　うでは　どちらが　おおく　入りますか。 □

③ 水が　おおく　入る　じゅんに　あ、い、うを　ならべかえましょう。

□ ⇨ □ ⇨ □

わ　わたし　いま　なんか　いいました？

きょうも　よく　がんばったぞ！
おわったら　ぶりぶりシールを　はろう

どちらが　どれだけ　おおい①

月　日
よう日

どちらが　どれだけ　おおく　入って　いるか　あらわそう！

おなじ　大きさの　コップで　なんはい　入るか　しらべよう。

あ

コップ　6 ぱいぶん

い

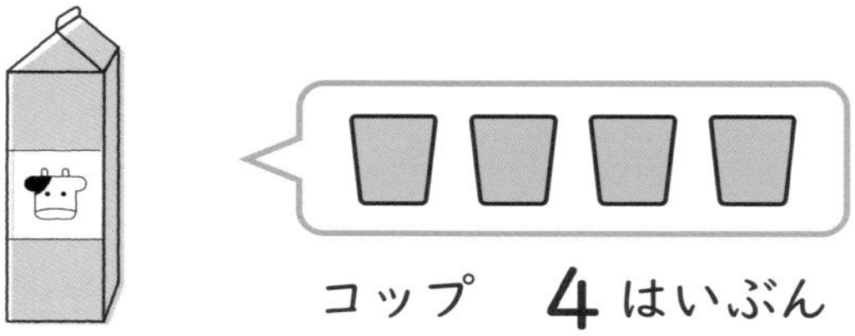

コップ　4 はいぶん

あの　ほうが
コップ　2 はいぶん
おおく　入って
いるね。

---

1 水が　おおく　入って　いるのは　どちらですか。
おおい　ほうの　（　）に　○を　つけましょう。

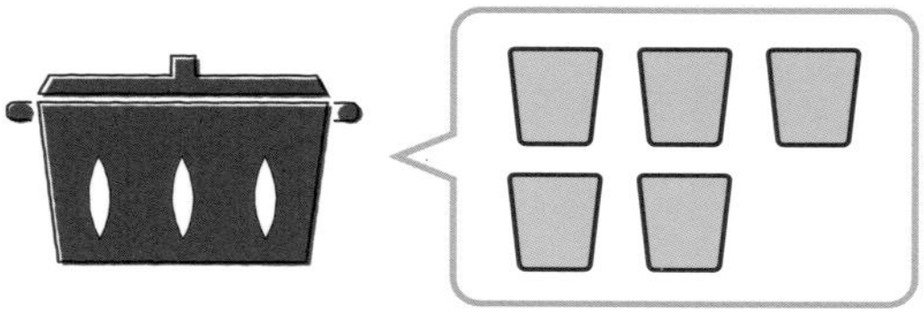

（　　）

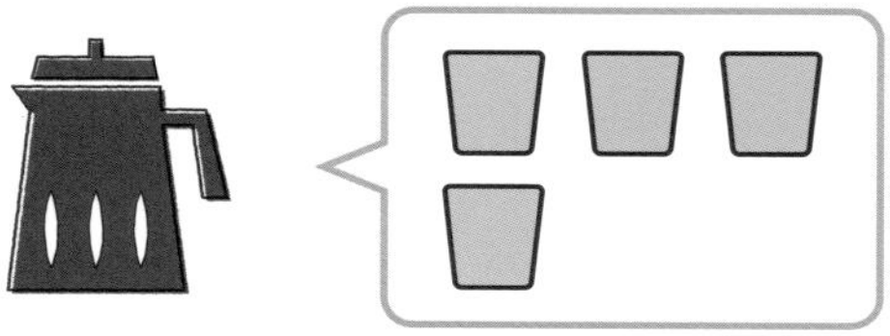

（　　）

オラだって　だらだらしなきゃ　いけないから　いそがしいんだよね。

きょうも　よく　がんばったぞ！
おわったら　ぶりぶりシールを　はろう

5 6

どちらが　どれだけ　おおい②

月　日
よう日

1 入る　水の　かさを　コップを　つかって　くらべましょう。

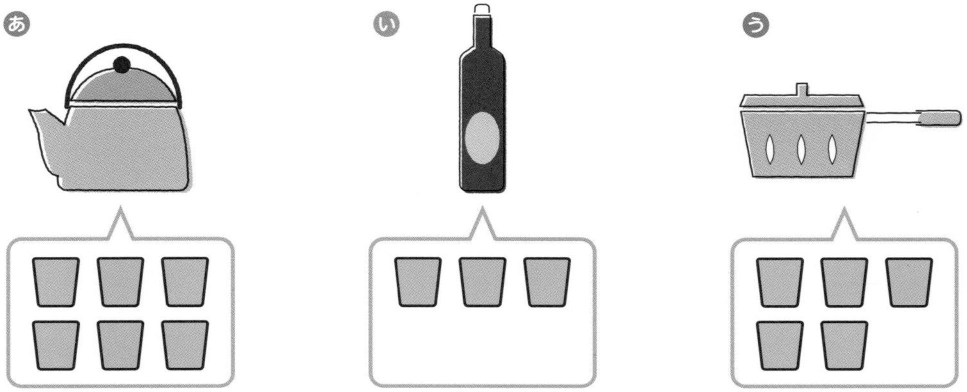

あ
い
う

① あ～うには　それぞれ　コップ　なんはいぶん　水が　入りますか。

あ □ ぱい　　い □ ばい　　う □ はい

② いちばん　おおく　水が　入るのは　あ、い、うの　どれですか。 □

③ いと　うでは　どちらが　なんはいぶん　おおく　入りますか。

□ の　ほうが　コップ □ はいぶん　おおく　入る。

④ 水が　おおく　入る　じゅんに　あ、い、うを　ならべかえましょう。

□ ⇨ □ ⇨ □

ライオンは　うさぎを　たおす　ときも　ぜん力を　つくす。

きょうも　よく　がんばったぞ！
おわったら　ぶりぶりシールを　はろう

おさらいテスト③

29〜35ページの　おさらいだゾ！

月　日

てん

1 水が　おおく　入って　いるのは　どちらですか。
おおい　ほうの　（　）に　○を　つけましょう。　1もん　30てん

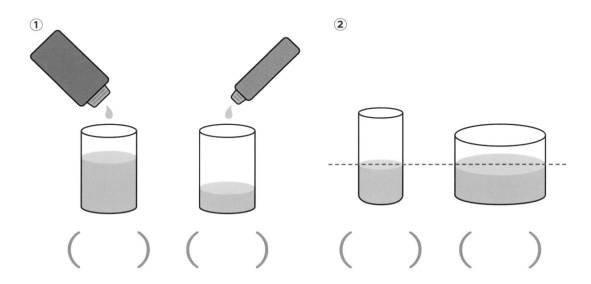

①

（　　）（　　）

②

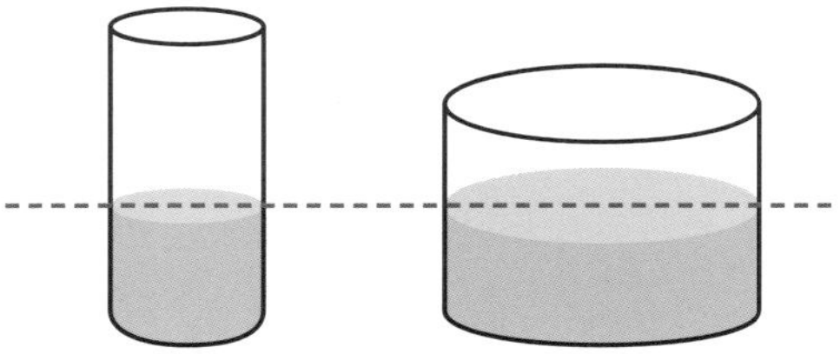

（　　）（　　）

2 水が　おおく　入って　いるのは　どちらですか。
おおい　ほうの　（　）に　○を　つけましょう。　40てん

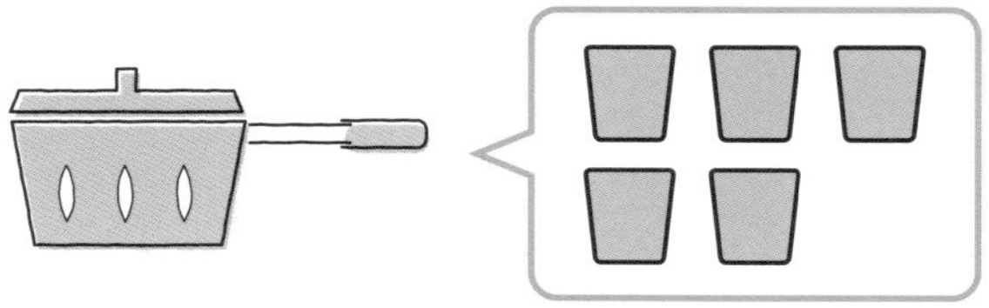

（　　）

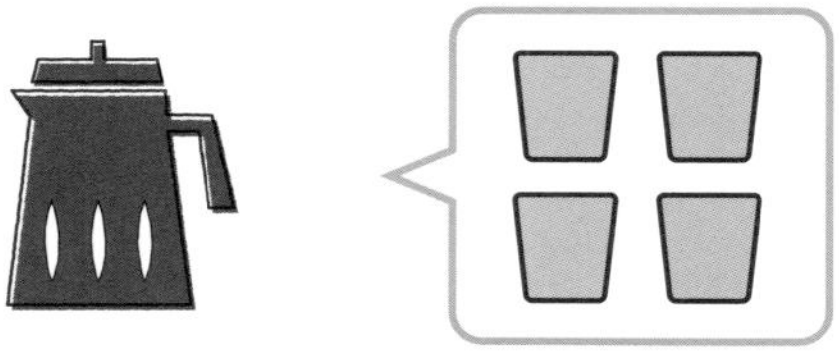

（　　）

それぞれ何杯分か
数えてみると
いいわよ！

きょうも よく がんばったぞ！
おわったら
ぶりぶり
シールを
はろう

6 どちらが　ひろい①

きょうふの
リアルおままごとだゾ！

う〜ん…。
きょうは ひろい ほうの シートね♪
マサオくぅん おままごと しよ♡
えっ、ボクだけ!?
ずずず
ほっ。
こっちの シート つかわせて。
ど〜ぞ。
うわぁあああ
ずずず
マサオくんは、バリバリの エリートサラリーマン（25才）妻を こよなく 愛する やさしい 夫の 役ね。
うん…。
ぺらぺら
ぺらぺら
ドキドキ
だいほん
あなたぁ、こんどの お休みは どこへ つれて いって くれるの？
いやー、仕事で つかれたから 家で のんびり しようかなって。
…あなたみたいな つまらない 人とは 暮らせません。
えっ。
見て ボクの めずらしい 石 コレクション。
ハナミズの かたち かわいい〜♡
やっぱり 実家が いちばんね。
ここ 実家!?
ただいまー

おしまい

かさねて　くらべる①

月　日

ようび

ひろさの　くらべかたを　かんがえるのだ！

はしを　ぴったり　かさねて　くらべよう。

あの　ほうが　ひろいね。

あ
い
あ
い

ちゅうい

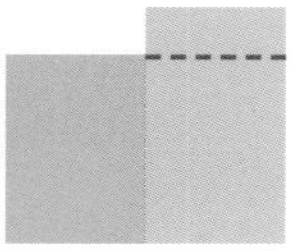

むきが　ちがうと、
うまく　くらべられないよ。

---

1 かさねて　ひろさを　くらべます。どちらの　ほうが　ひろいですか。□に　きごうを　かきましょう。

①

あ
い

□

②

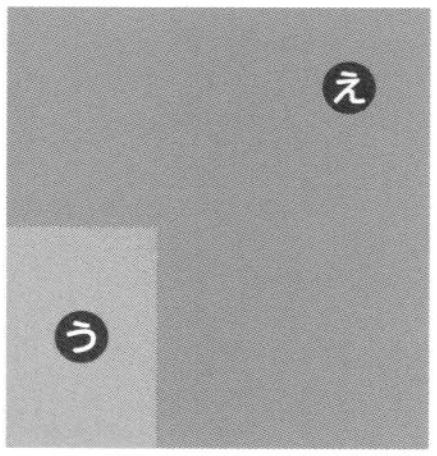

え
う

□

③

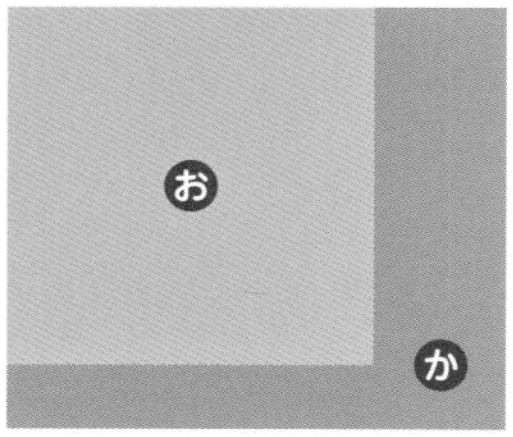

お
か

□

④

く
き

□

あなたァ　こんな　ところに　いたの？　さがしちゃったわよ　んもー。

きょうも　よく　がんばったぞ！　おわったら　ぶりぶりシールを　はろう

かさねて　くらべる②

月　日
よう日

①　シートを　かさねて、ひろさを　くらべました。
ひろい　じゅんに　□に　きごうを　かきましょう。

う
い
あ

まずは、いちばん
ひろい　ものを
えらぼう!

□ ⇨ □ ⇨ □

②

やってみるゾ!　シートを　つかって　とこう!

[2] しかくあ、い、うを　かさねて、
ひろさを　くらべましょう。

① あ、いでは　どちらが　ひろいですか。 □

② い、うでは　どちらが　ひろいですか。 □

③ あ、い、うでは　どれが　いちばん　ひろいですか。 □

あやしいものじゃ　ありません。わたし　ここの　えんちょうです。

きょうも　よく　がんばったぞ!
おわったら　ぶりぶりシールを　はろう

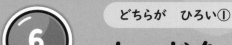

カードを　つかって　くらべる①

がつ 月　にち 日

よう日

ひろさを　かずで　あらわすのだ！

おなじ　大(おお)きさの　カードを　ならべて　くらべよう。

あ

ひろさは
カード
4 まいぶん

い

ひろさは
カード
6 まいぶん

いの　ほうが　ひろいね。

1　やってみるゾ！　シートを　つかって　とこう！

3カードを　あ、いの　しかくの　上(うえ)に　ならべましょう。それぞれ　なんまいぶんの　ひろさですか。

あ

い

カードは、この　むきにして　すきまなく　ならべよう。

□ まいぶん　　□ まいぶん

ひまだから　きてやった。

きょうも　よく　がんばったぞ！　おわったら　ぶりぶりシールを　はろう

6 4

カードを　つかって　くらべる②

月　　日

よう日

1 ひろいのは　どちらですか。□に　きごうを　かきましょう。

①

あ

い

□

②

う

え

□

2 カードを　ならべて　ひろさを　くらべました。

しんちゃん

ぶりぶりざえもん

① それぞれ　カード　なんまいぶんの　ひろさですか。

しんちゃん □ まいぶん　　ぶりぶり ざえもん □ まいぶん

② ひろい　ほうは　だれですか。

□

明日の　えん足に　もって　いく　おやつは　300円までと　します。

きょうも　よく　がんばったぞ！

おわったら ぶりぶりシールを はろう

さんすう パズル ③

くいしんぼうは　だれだ!?

おつやの
じかんだゾ!

しんちゃんたちが　チョコレートを　たべたよ。
いちばん　おおく　たべたのは　だれかな。
チョコレートの　大(おお)きさは　すべて　おなじだよ。

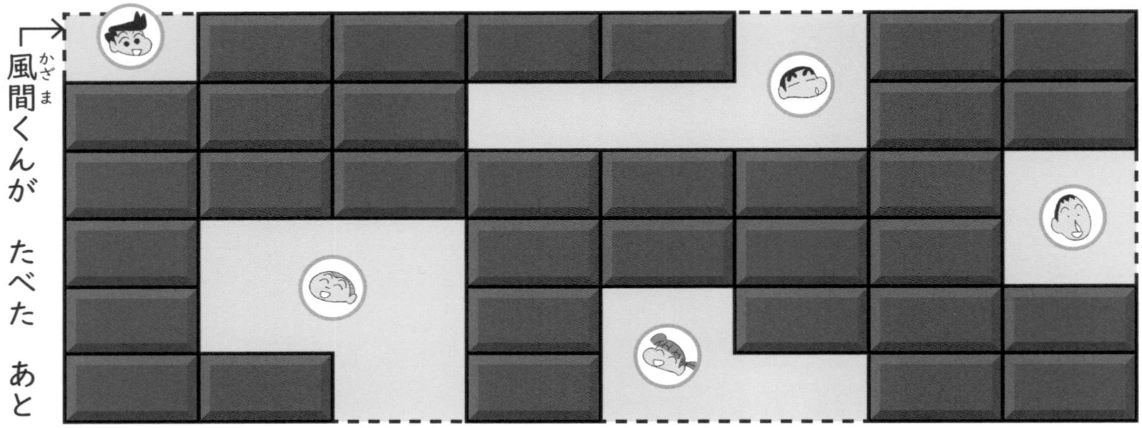
風間(かざま)くんが　たべた　あと

それぞれ　チョコレートを　なんこ　たべたかな。
□には　いちばん　おおく　たべた　人(ひと)の　名(な)まえを　かこう。

しんちゃん　□こ

風間(かざま)くん　□こ

ネネちゃん　□こ

マサオくん　□こ

ボーちゃん　□こ

いちばん　おおく　たべたのは　□　だよ。

きょうも　よく　がんばったぞ!
おわったら
ぶりぶり
シールを
はろう

7 どちらが　ひろい②

ますとりゲームで
しょうぶだゾ!

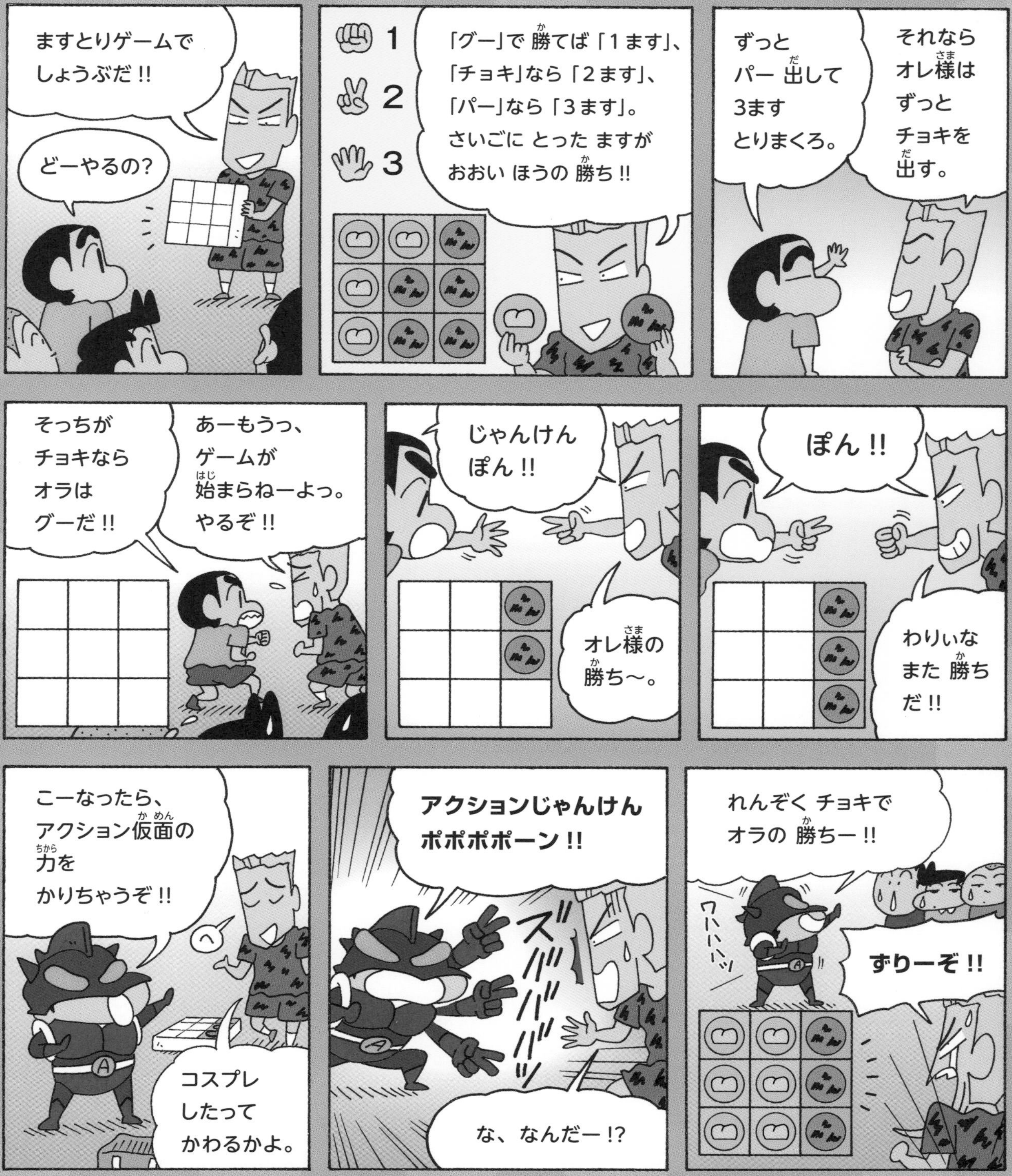
ますとりゲームで しょうぶだ!!
どーやるの?
1
2
3
「グー」で 勝てば 「1ます」、「チョキ」なら 「2ます」、「パー」なら 「3ます」。さいごに とった ますが おおい ほうの 勝ち!!
ずっと パー 出して 3ます とりまくろ。
それなら オレ様は ずっと チョキを 出す。
そっちが チョキなら オラは グーだ!!
あーもうっ、ゲームが 始まらねーよっ。やるぞ!!
じゃんけん ぽん!!
オレ様の 勝ち〜。
ぽん!!
わりぃな また 勝ち だ!!
こーなったら、アクション仮面の 力を かりちゃうぞ!!
へ
コスプレ したって かわるかよ。
アクションじゃんけん ポポポポーン!!
ズババババッ
な、なんだー!?
れんぞく チョキで オラの 勝ちー!!
ワハハハッ
ずりーぞ!!

おしまい

7-1 ますを　つかって　くらべる①

月　日
よう日

ますを　つかって　ひろさを　かずで　あらわすのだ！

ますが　なんこぶんか　かぞえると、
ひろさを　かずで　あらわす　ことが　できるよ。

ピンクは　ます　6 こぶん、
みどりは　ます　3 こぶんだから、
ピンクの　ほうが　ひろいね。

1　ピンクと　みどりは　ます　なんこぶんの　ひろさですか。

①

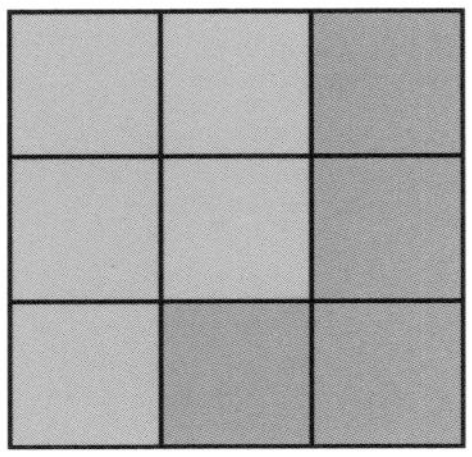

②

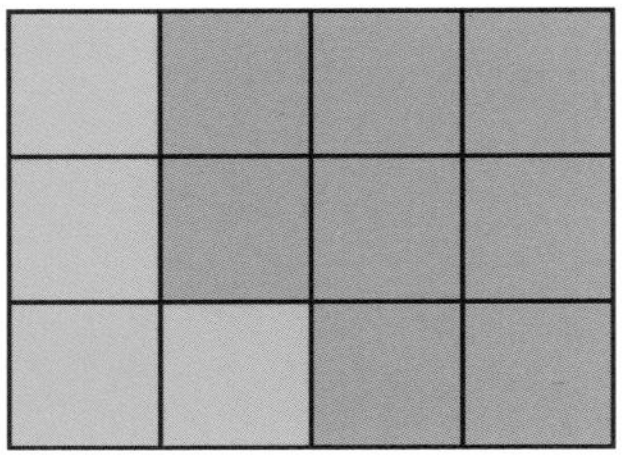

①
ピンク…
ます □ こぶんの　ひろさ

みどり…
ます □ こぶんの　ひろさ

②
ピンク…
ます □ こぶんの　ひろさ

みどり…
ます □ こぶんの　ひろさ

ちょうし　どうだ？

きょうも　よく　がんばったぞ！
おわったら　ぶりぶりシールを　はろう

ますを　つかって　くらべる②

月　日
ようび

1　しんちゃんたちが　ますとりゲームで　ひろさを　きそいました。□に　あてはまる　すう字と　名まえを　かきましょう。

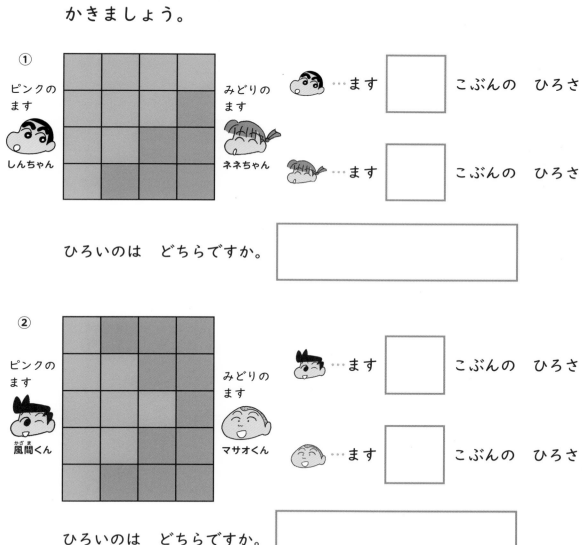

①

ピンクの　ます
しんちゃん

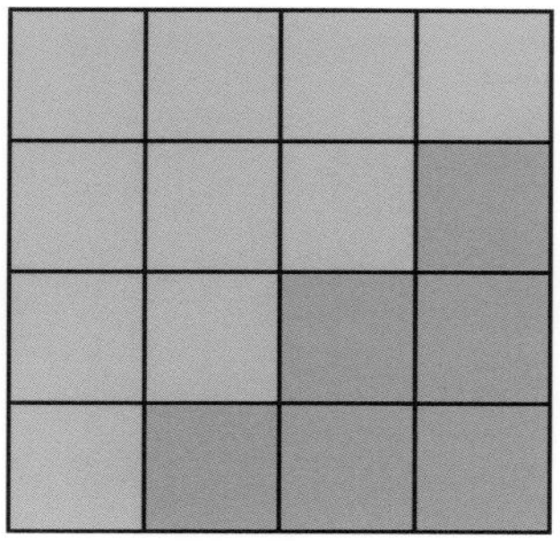

みどりの　ます
ネネちゃん

…ます □ こぶんの　ひろさ

…ます □ こぶんの　ひろさ

ひろいのは　どちらですか。□

②

ピンクの　ます
風間くん

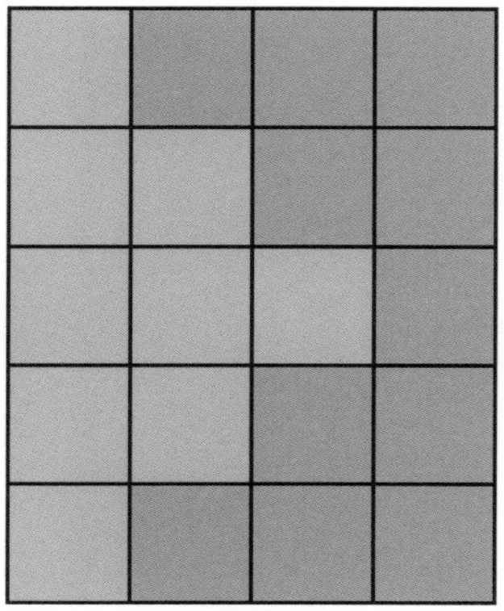

みどりの　ます
マサオくん

…ます □ こぶんの　ひろさ

…ます □ こぶんの　ひろさ

ひろいのは　どちらですか。□

うう…　頭いて、気もちわる。

きょうも　よく　がんばったぞ！
おわったら　ぶりぶりシールを　はろう

7-3 どちらが　どれだけ　ひろい①

月　　日

よう日

どちらが　どれだけ　ひろいか　あらわそう！

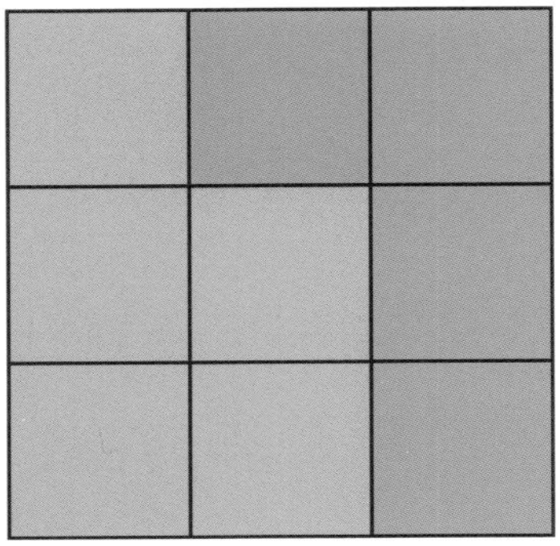

ひろさを　ますの　かずで　あらわすと、
どちらが　どれだけ　ひろいか　わかるよ。

ピンクは　ます　5 こぶん、
みどりは　ます　4 こぶんだから、
ピンクの　ほうが　ます　1 こぶん　ひろい。

---

1 ピンクと　みどり、どちらが　ます　なんこぶん　ひろいですか。
□に　あてはまる　すう字と　いろを　かきましょう。

ピンク…ます □ こぶんの　ひろさ

みどり…ます □ こぶんの　ひろさ

□ の　ほうが　ます □ こぶん　ひろい。

ふうー、これで　ひとあんしん。

きょうも　よく　がんばったぞ！
おわったら ぶりぶりシールを はろう

どちらが どれだけ ひろい②

月　日　よう日

1 ピンクと みどり、どちらが ます なんこぶん ひろいですか。
□に あてはまる いろと すう字(じ)を かきましょう。

①

□ の ほうが

ます □ こぶん ひろい。

②
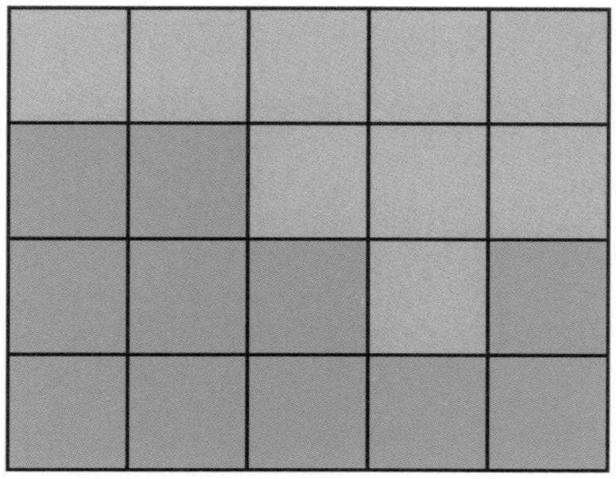

□ の ほうが

ます □ こぶん ひろい。

③

□ の ほうが

ます □ こぶん ひろい。

ちゃんと できた 子(こ)には チョコビ 100こ プレゼント。

きょうも よく がんばったぞ！ おわったら ぶりぶりシールを はろう

7-5

おなじ　ひろさを　さがそう

月(がつ)　　日(にち)
よう日(び)

おなじ　ひろさを　見(み)つけるには　どうすれば　いい？

ひろさを　かずで　あらわすと、おなじ　ひろさの　ものを　見(み)つけられるよ。

あ

い
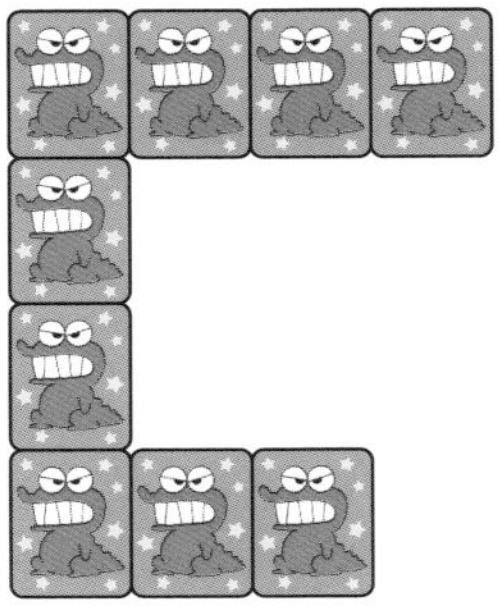

あも　いも　カード
9まいぶんの　ひろさだから、
おなじ　ひろさなんだ。

1まいずつ
かぞえるのじゃ。

1　あと　おなじ　ひろさの　ものは　どれですか。
あてはまる　（　）すべてに　○を　つけましょう。

あ

（　　）

（　　）

（　　）

（　　）

ねえ、この　あと　なにして　あそぶ？

きょうも　よく　がんばったぞ！
おわったら
ぶりぶり
シールを
はろう

7 6

ますを　つかって くらべる③

がつ 月　にち 日

よう び 日

さんかくを　しかくに　して、　ひろさを　くらべるのだ！

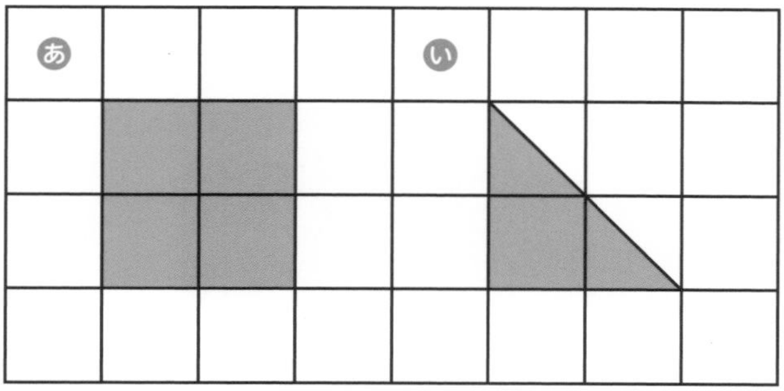

あ
い

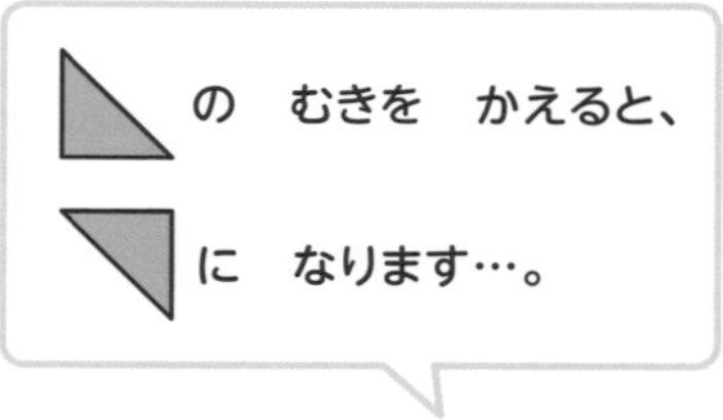

の　むきを　かえると、
に　なります…。

を　2つ　あわせて　　の　ように

かんがえると、　の　1こぶんに　なるよ。

あは　ます　4こぶん、いは　ます　2こぶんに　なるから、

ひろいのは　あだね。

1　いちばん　ひろいのは　あ、い、うの　どれですか。

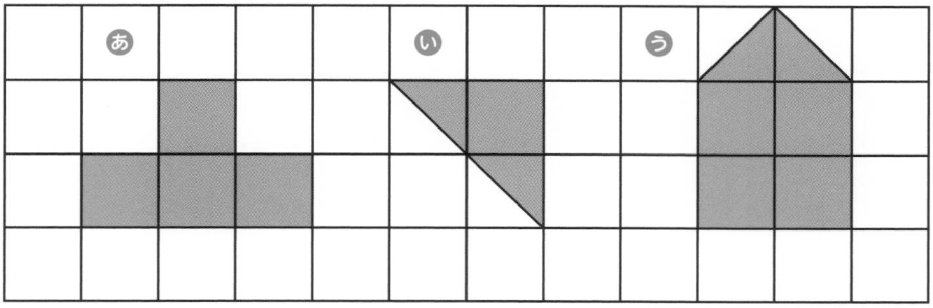

あ
い
う

マグナムうんちだん　3日ぶん!!

きょうも　よく　がんばったぞ！
おわったら
ぶりぶり
シールを
はろう

おさらいテスト④

37〜49ページの　おさらいだゾ！

月　日

てん

1　かさねて　ひろさを　くらべます。どちらの　ほうが　ひろいですか。□に　きごうを　かきましょう。　1もん　20てん

①

あ
い

②

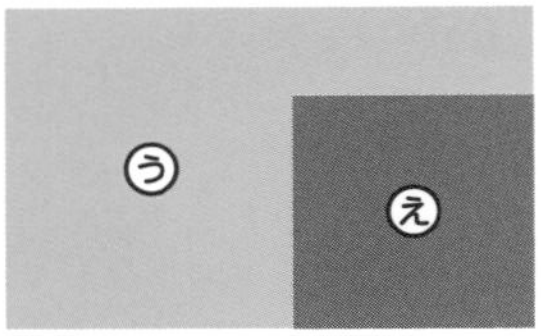

う
え

③

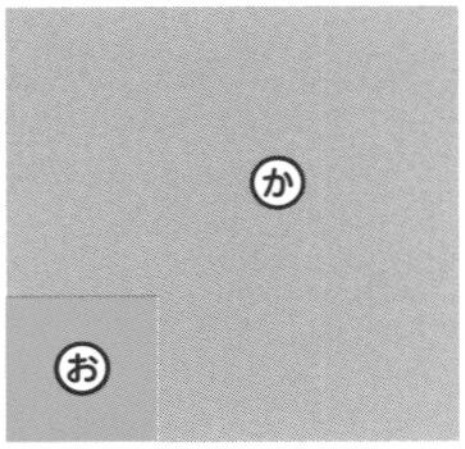

か
お

④

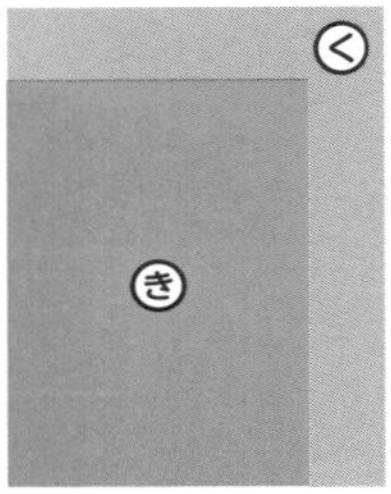

く
き

2　うすい赤と　はいいろ、どちらが　ます　なんこぶん　ひろいですか。□に　あてはまる　いろと　すう字を　かきましょう。　20てん

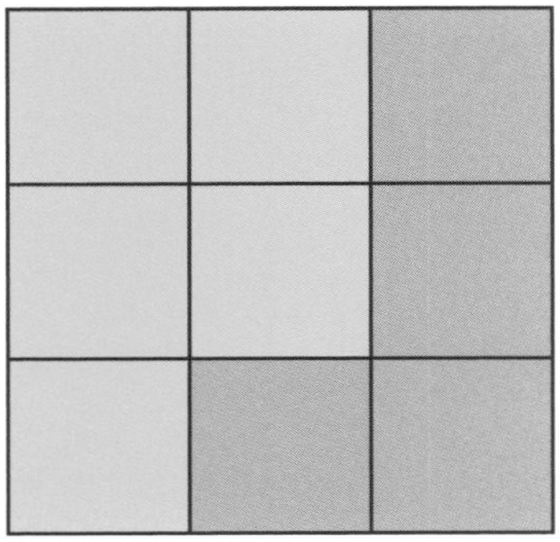

□の　ほうが

ます □ こぶん　ひろい。

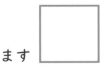

落ちついて、1こずつ数えましょう。

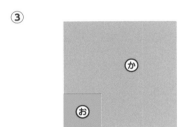

きょうも　よく　がんばったぞ！　おわったら　ぶりぶりシールを　はろう

8 かたちで　あそぼう

おかたづけを
するゾ！

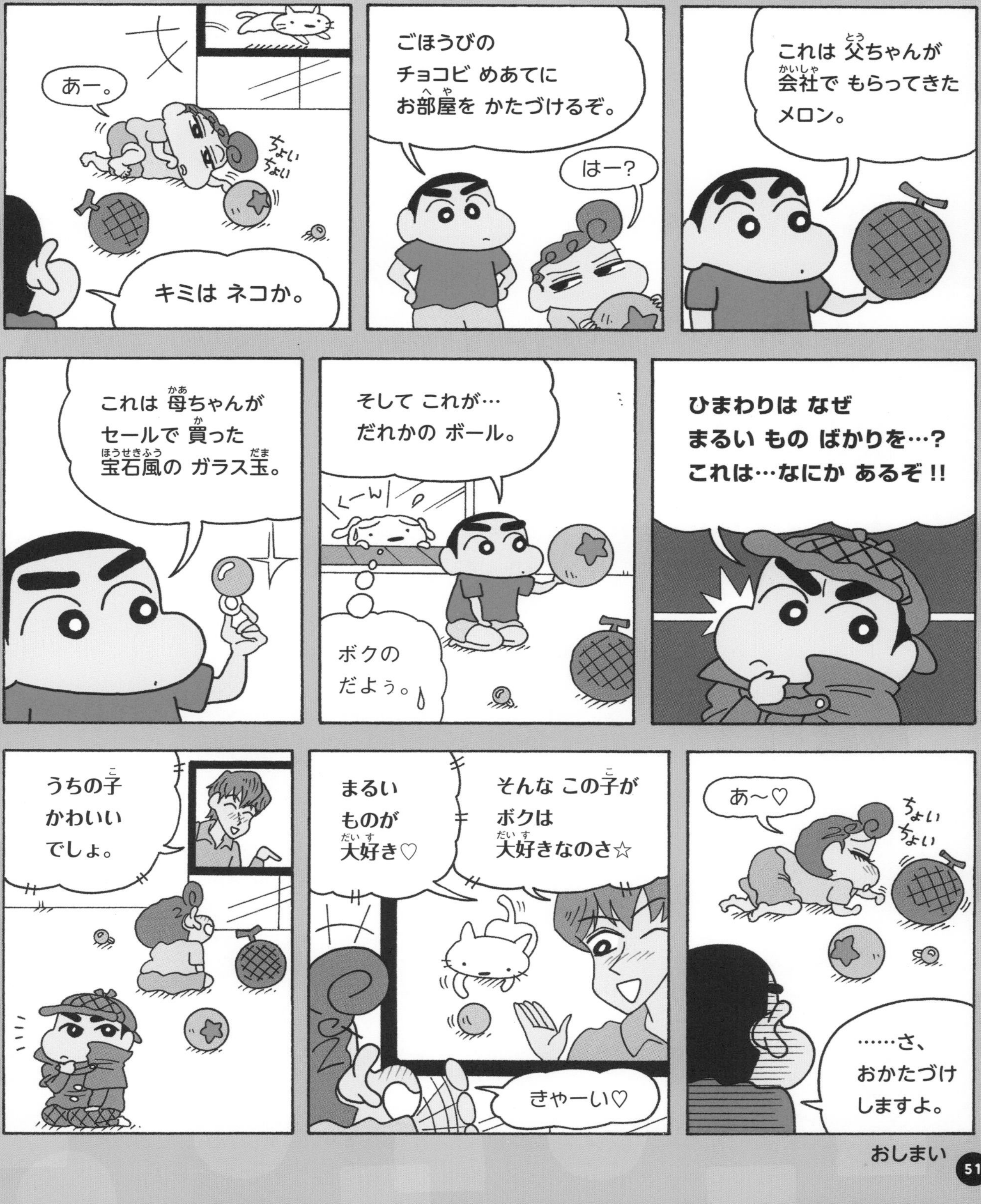

あー。
ちょい ちょい
キミは ネコか。
ごほうびの
チョコビ めあてに
お部屋を かたづけるぞ。
はー？
これは 父ちゃんが
会社で もらってきた
メロン。
これは 母ちゃんが
セールで 買った
宝石風の ガラス玉。
そして これが…
だれかの ボール。
くーん
ボクの
だよぅ。
ひまわりは なぜ
まるい もの ばかりを…？
これは…なにか あるぞ!!
うちの子
かわいい
でしょ。
まるい
ものが
大好き♡
そんな この子が
ボクは
大好きなのさ☆
きゃーい♡
あ～♡
ちょい ちょい
……さ、
おかたづけ
しますよ。

おしまい

にて いる かたち①

月(がつ) 日(にち)
よう日(び)

にて いる かたちを さがして みるのだ!

ひまわりは、ボールに
にて いる かたちの
ものを あつめて いたゾ。

ひまわりが あつめた もの

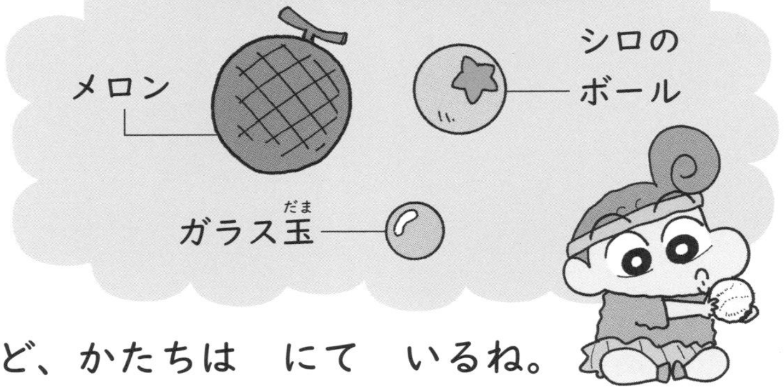
メロン
シロの ボール
ガラス玉(だま)

大(おお)きさは ちがうけれど、かたちは にて いるね。

---

① おにぎりの かたちと にて いる かたちは どれでしょう。( )に ○を つけましょう。

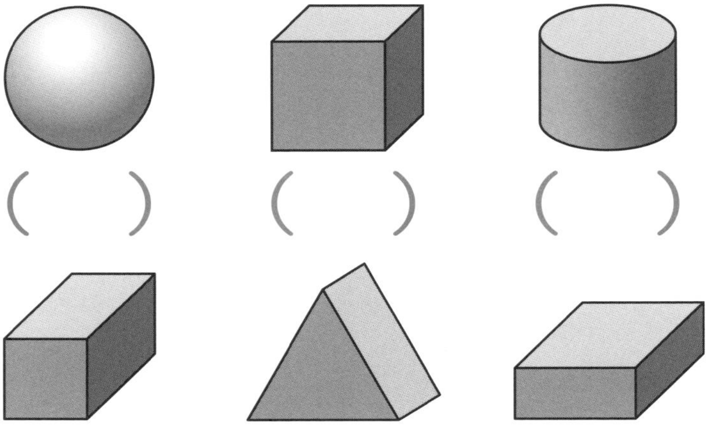

( ) ( ) ( )

( ) ( ) ( )

タイヤイ。

きょうも よく がんばったぞ!
おわったら ぶりぶり シールを はろう

かたちで　あそぼう

8-2

にて　いる　かたち②

月　日
よう日

ものには　いろいろな　かたちが　あるのだ！

ボールの　かたち

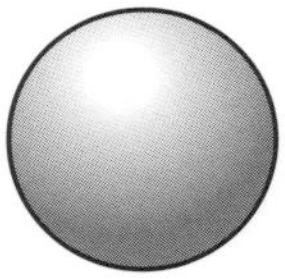

さいころの　かたち

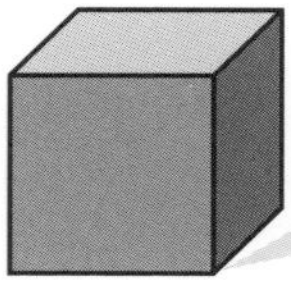

たいらな
ところが
どこも
ましかく

つつの　かたち

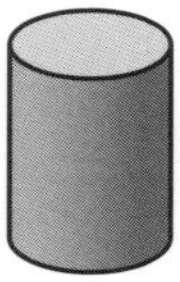

たいらな
ところが
まる

はこの　かたち

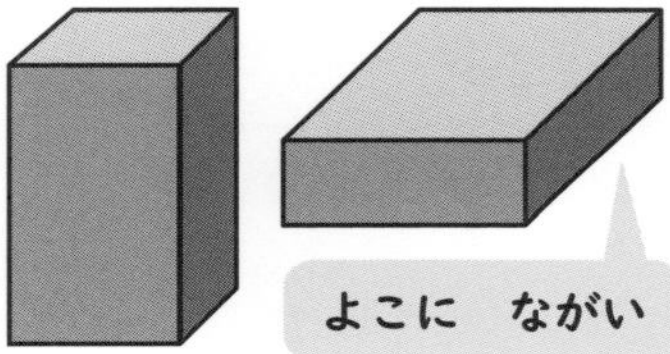

たてに　ながい

よこに　ながい

ものの　かたちには、
それぞれ　とくちょうが
あるんだね。

おにぎりの
かたち

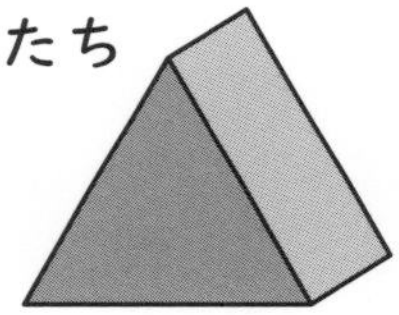

1

おなじ　かたちの　なかまでは　ない　ものは
どれでしょう。（　）に　×を　つけましょう。

①

（　）　（　）　（　）　（　）

②

ジュース

（　）　（　）　（　）　（　）

③

クッキー
ティッシュ

（　）　（　）　（　）　（　）

先生は　きみの　みかただからね!!

きょうも　よく　がんばったぞ！
おわったら
ぶりぶり
シールを
はろう

かたちで　あそぼう

8-3 にて　いる　かたち③

月　　日

よう日

1

みの　まわりに　ある　ものの　なかから、
つぎの　かたちを　さがしましょう。
□に　みつけた　ものの　名まえを　かきましょう。

① ボールの　かたち

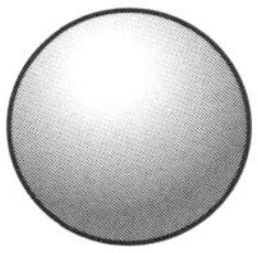

れい　やきゅうの　ボール

② たてや　よこに　ながい
はこの　かたち

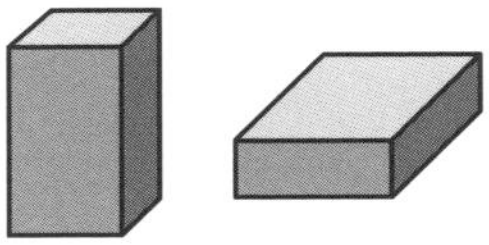

れい　ティッシュの　はこ

③ つつの　かたち

れい　ジュースの　かん

いっちょ、
さがしますか！

④ さいころの　かたち

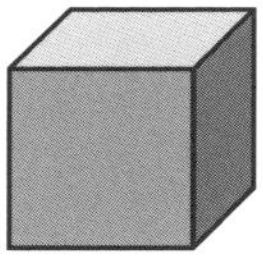

れい　すごろくの　さいころ

人の　はなしを　ちゃんと　きけよ。

きょうも　よく　がんばったぞ！
おわったら
ぶりぶり
シールを
はろう

8-4 かたちで　あそぼう

つめる　かたちと　ころがる　かたち

月(がつ)　日(にち)

よう日(び)

つめる　かたちと　ころがる　かたちで　わけるのだ！

つめる　かたち

たいらな　ところで
つめるゾ。

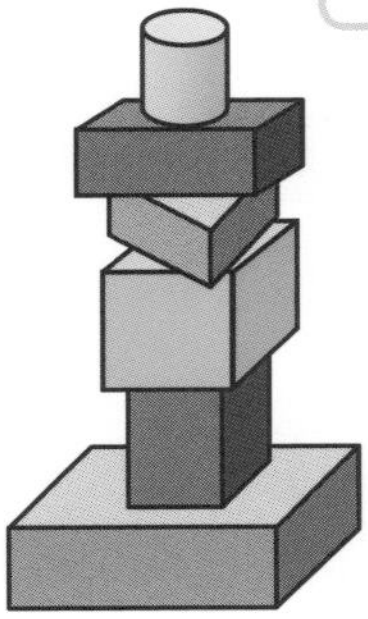

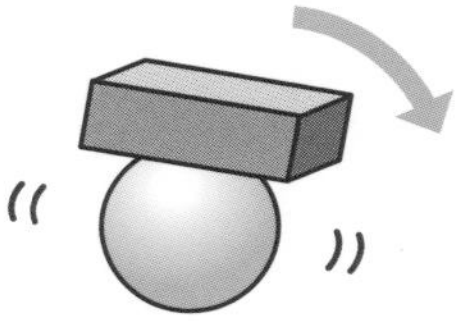

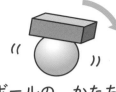

ボールの　かたちの
上(うえ)には　つめない。

ころがる　かたち

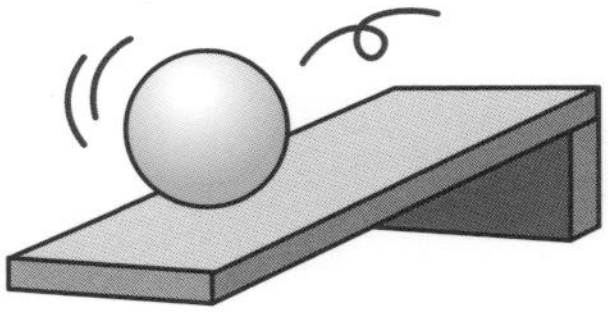

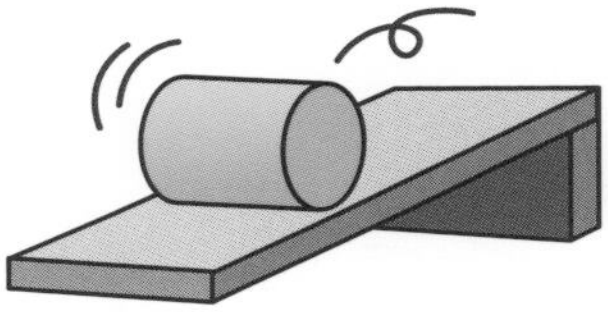

1　つめる　かたちと　ころがる　かたちを
それぞれ　あ～えから　すべて　えらびましょう。

あ　い　う　え

つめる　かたち　[　　　　　]

ころがる　かたち　[　　　　　]

どちらにも
あてはまる
かたちが
あるかも!?

ガンバロ～ね。

きょうも　よく　がんばったぞ！
おわったら
ぶりぶり
シールを
はろう

かたちを　かみに　うつそう①

がつ 月	にち 日
	よう日

かたちを　かみに　うつしとるのだ！

つみきを　かみの　上（うえ）に　おいて、
かたちに　そって　えんぴつで　まわりを　なぞろう。

さいころの　かたち

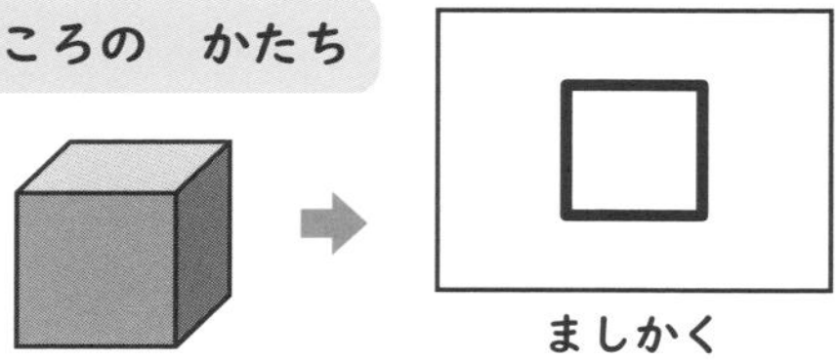

ましかく

はこの　かたち

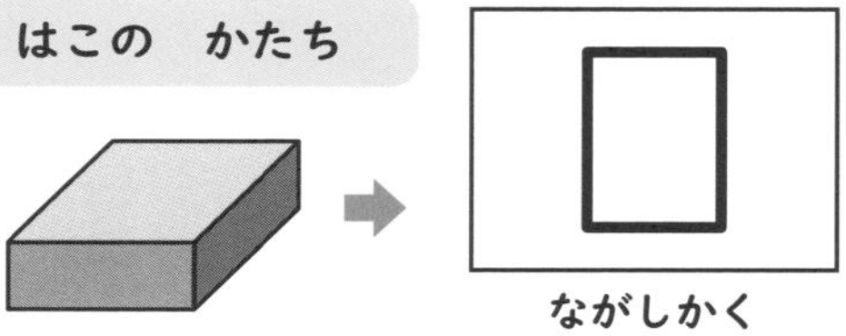

ながしかく

おにぎりの　かたち

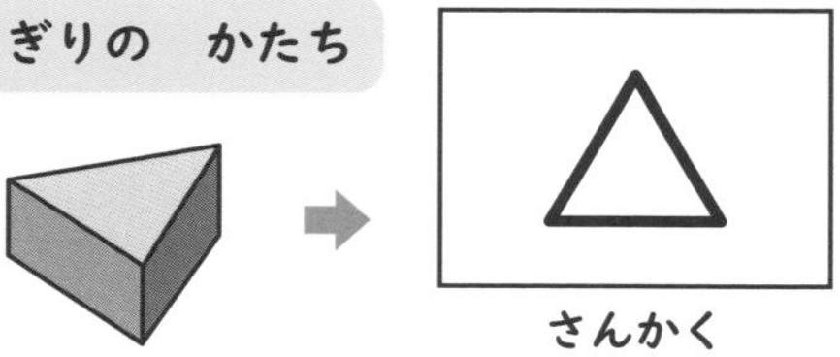

さんかく

つつの　かたち

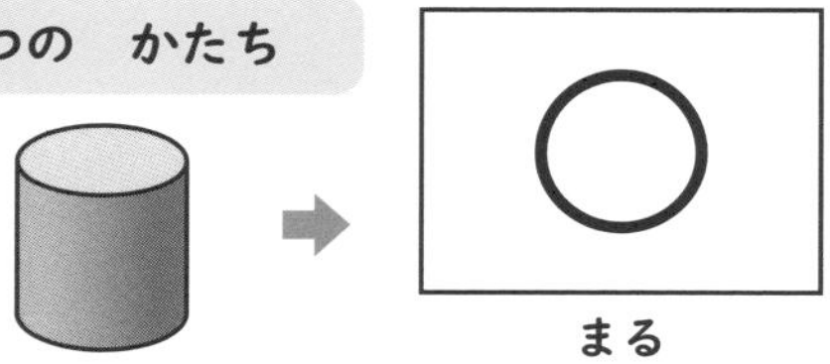

まる

うつしとった　かたちは、つみきの　下（した）の　かたちだよ。

1　①と　②は、あ～うの　どの　つみきを　うつした　かたち
でしょう。（　）に　こたえを　かきましょう。

おきかたを
かえれば、
うつせる
かたちも
かわるね！

① 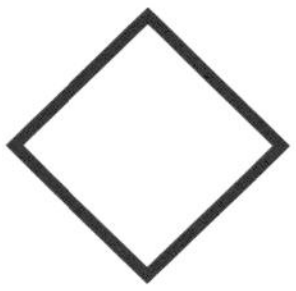 （　　）　②  （　　）

あ 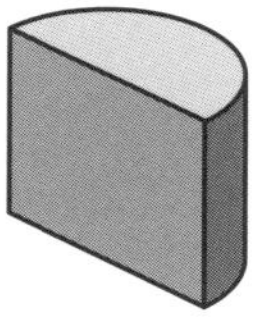

い 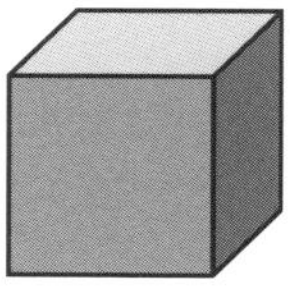

う 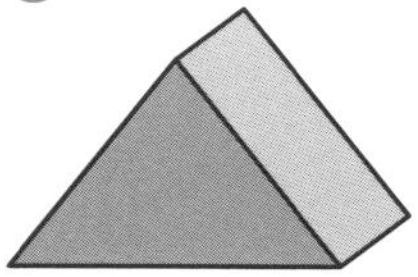

生（い）きてて　よかった。

きょうも　よく　がんばったぞ！
おわったら
ぶりぶりシールを
はろう

かたちを　かみに　うつそう②

がつ 月　　にち 日
ようび 日

かたちの　まえや　上(うえ)、　よこを　うつしとるのだ！

かたちには、まえや　上(うえ)、よこを　うつしとると、ちがう　かたちに　なる　ものが　あるよ。

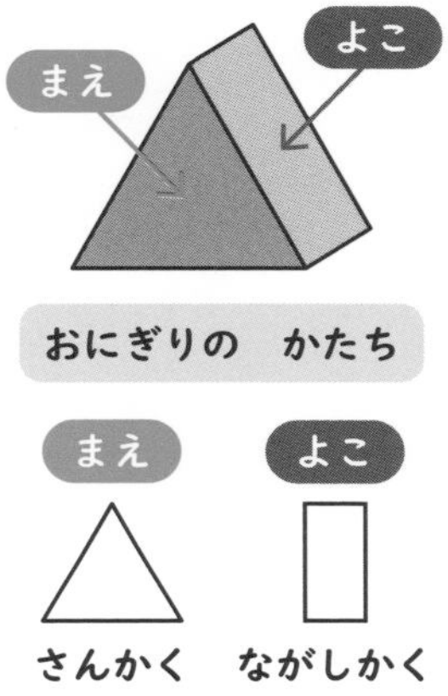
まえ
よこ
おにぎりの　かたち
まえ
よこ
さんかく
ながしかく

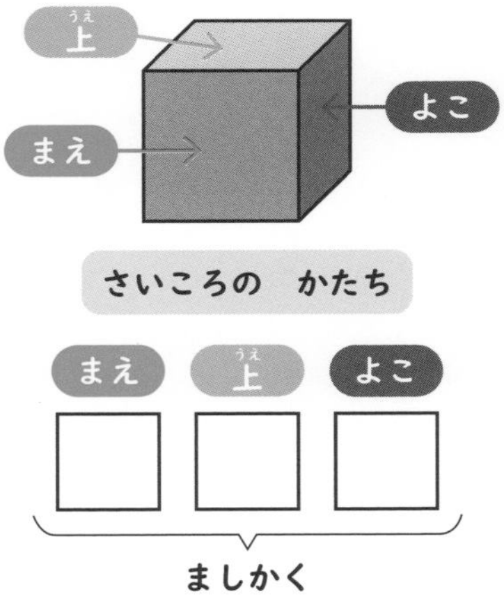
上
よこ
まえ
さいころの　かたち
まえ
上
よこ
ましかく

さいころの　かたちは　どこを　うつしても　おなじ…。

1　①～③の　つみきで　うつしとれる　かたちを　すべて　えらび、（　）に　○を　つけましょう。

①
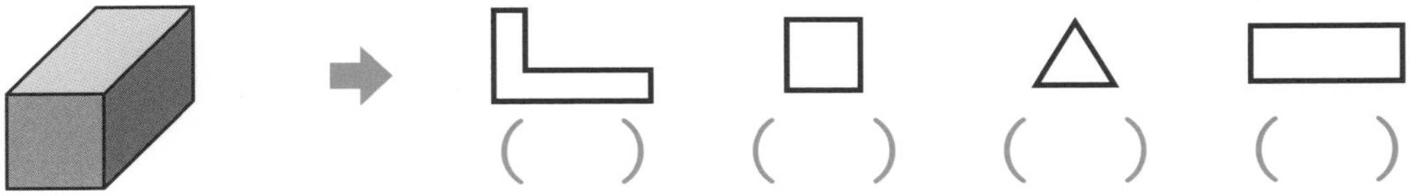

②
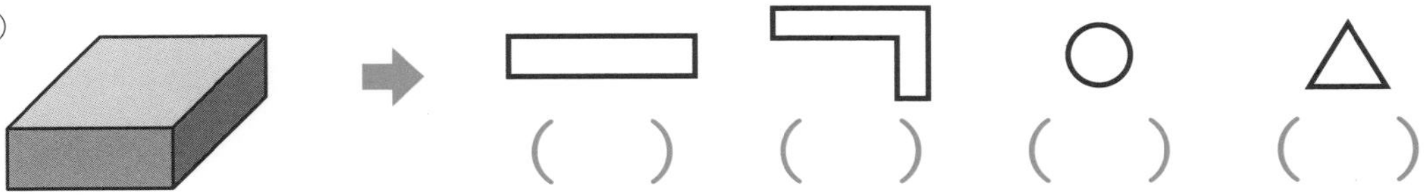

③
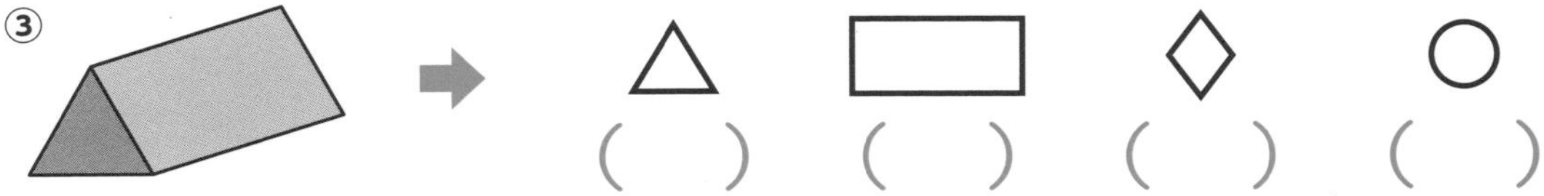

まずは　イメージトレーニングよ!!

きょうも　よく　がんばったぞ！
おわったら
ぶりぶり
シールを
はろう

かたちで　あそぼう

8 7 かたちを　かみに　うつそう③

月（がつ）　日（にち）

よう日（び）

① みの　まわりに　ある　かたちを　うつしましょう。

れい　かん　　おかしの　はこ

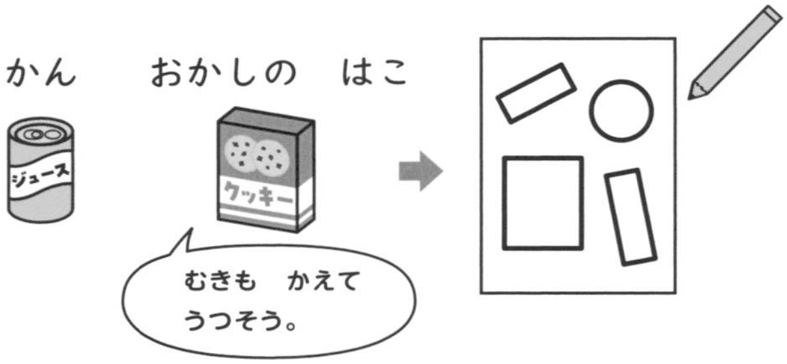
ジュース
クッキー
むきも　かえて
うつそう。

この　ページが
小（ちい）さかったら、大（おお）きな
かみに　うつそう。

たのんだよ!!　ボクらも　ガンバるから。

きょうも　よく　がんばったぞ!
おわったら
ぶりぶり
シールを
はろう

8

8

かたちを かみに うつそう④

月 日

よう日

1 ①〜③の かたちは あと い、どちらを 見て かいた ものですか。（ ）に ○を つけましょう。

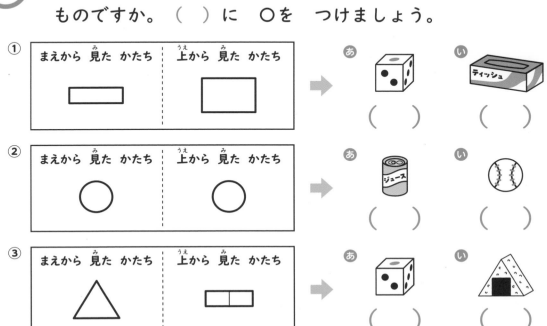

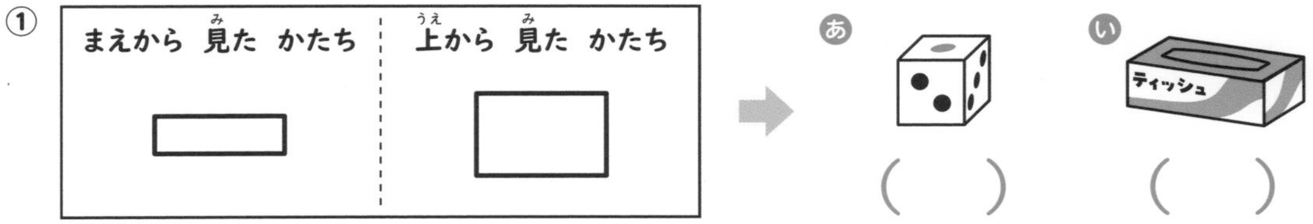
①
まえから 見た かたち
上から 見た かたち
あ
い
ティッシュ
（ ）
（ ）

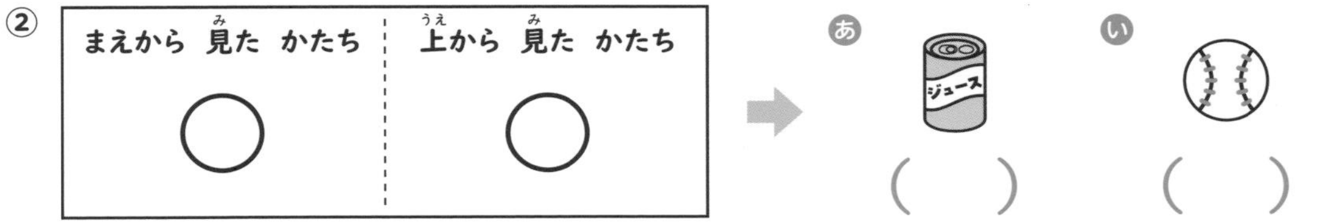
②
まえから 見た かたち
上から 見た かたち
あ
い
ジュース
（ ）
（ ）

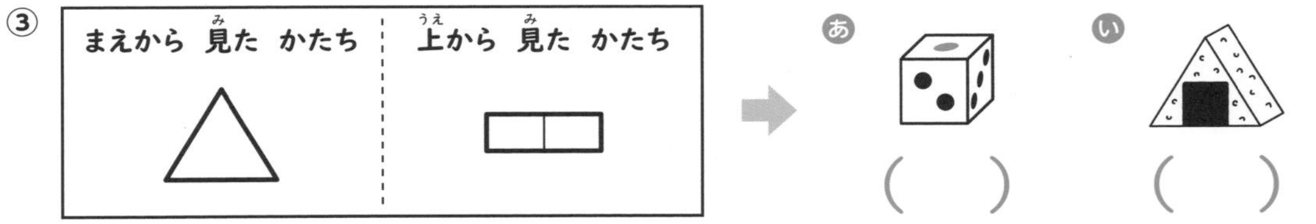
③
まえから 見た かたち
上から 見た かたち
あ
い
（ ）
（ ）

2 ①と ②の つみきは、たおれると どんな あとが つきますか。（ ）に ○を つけましょう。

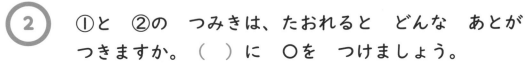

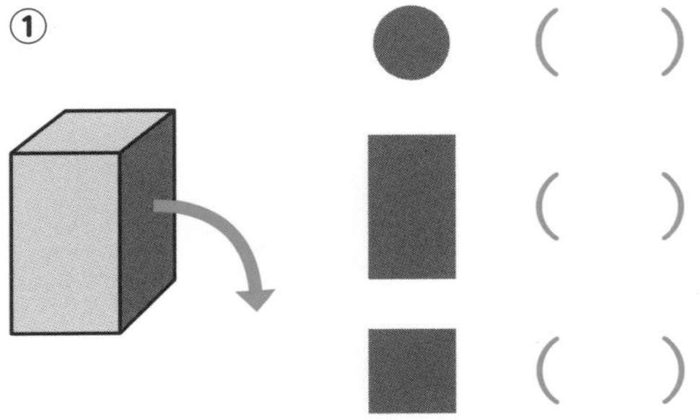
①
（ ）
（ ）
（ ）

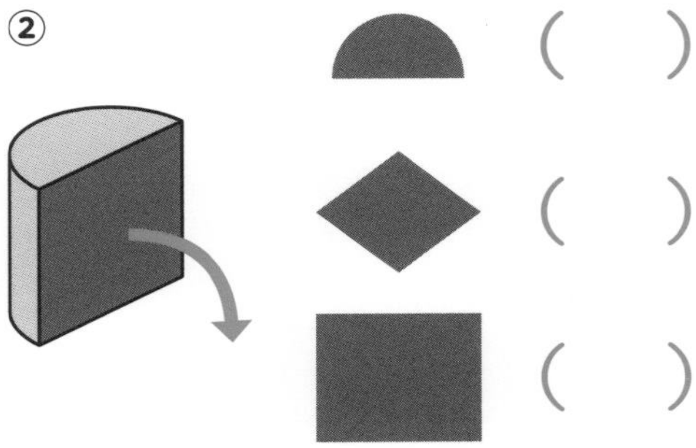
②
（ ）
（ ）
（ ）

きょうも かすかべの へいわを まもったぞ。

きょうも よく がんばったぞ!
おわったら
ぶりぶり
シールを
はろう

さんすう パズル ④

かたちの　にんじゃ　やしき

しゅぎょうだゾ!

ボールの　かたち●→　さいころの　かたち■→
つつの　かたち■→　はこの　かたち■の
じゅんに　くりかえして、出口(でぐち)を　めざそう。
ただし、ななめには　すすめないよ。

にんぽう
みきわめの
じゅつ!
むきが　ちがうのも
あるゾ。
いりぐち
入口
でぐち
出口
にんじゃ
みならい
ごうかく!

きょうも　よく　がんばったぞ!
おわったら
ぶりぶり
シールを
はろう

9 かたちを　つくろう

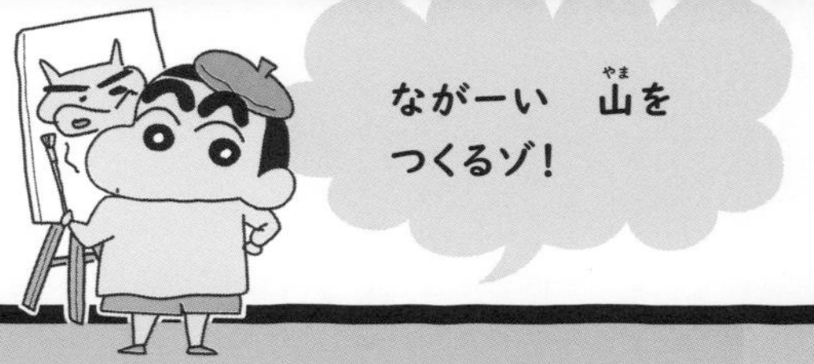

ながーい　山を
つくるゾ！

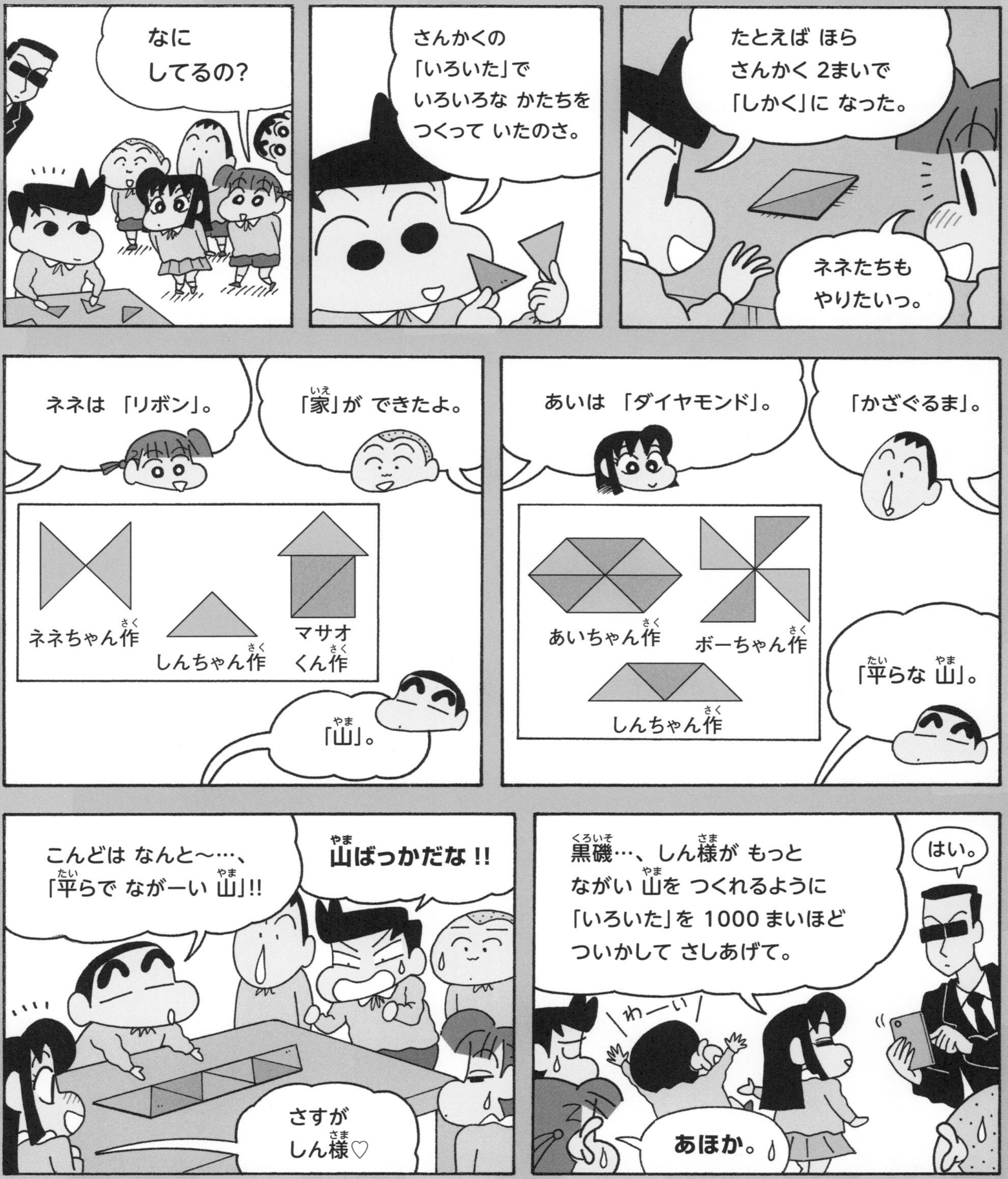

なに
してるの？
さんかくの
「いろいた」で
いろいろな かたちを
つくって いたのさ。
たとえば ほら
さんかく 2まいで
「しかく」に なった。
ネネたちも
やりたいっ。
ネネは 「リボン」。
「家」が できたよ。
ネネちゃん作
しんちゃん作
マサオ
くん作
「山」。
あいは 「ダイヤモンド」。
「かざぐるま」。
あいちゃん作
ボーちゃん作
しんちゃん作
「平らな 山」。
こんどは なんと～…、
「平らで ながーい 山」!!
山ばっかだな !!
さすが
しん様♡
黒磯…、しん様が もっと
ながい 山を つくれるように
「いろいた」を 1000 まいほど
ついかして さしあげて。
はい。
わーい
あほか。

おしまい

9-1

いろいたで かたちを　つくろう①

月　日
よう日

いろいたを　ならべて　かたちを　つくるのだ！

ならべかたに　よって、ちがう　かたちが　できるよ。

もっと　いっぱい
ならべて　みる？

2まい　3まい　4まい　7まい　8まい

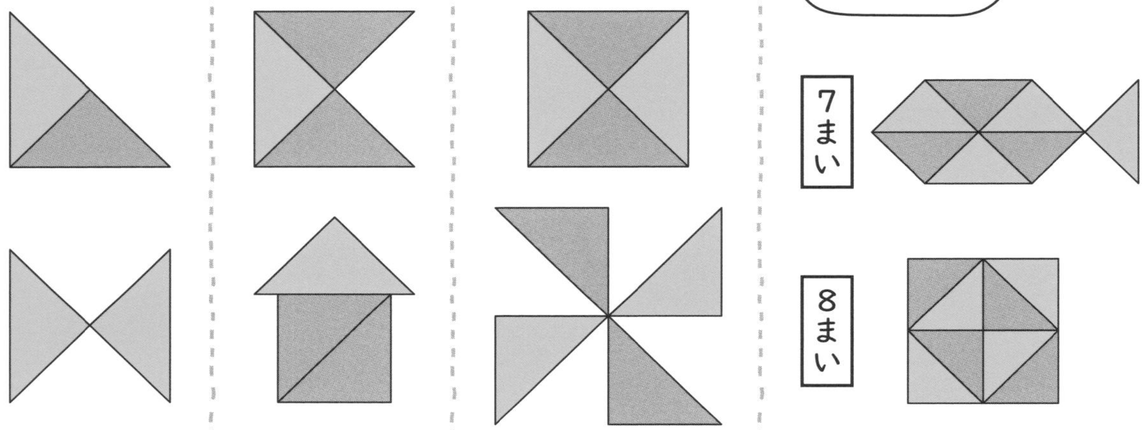

1　①〜③の　かたちは、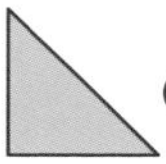の　いろいたが なんまいで　できますか。

①

□まい

②

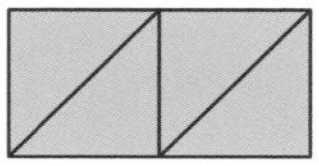

□まい

③

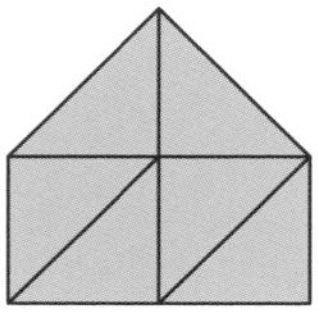

□まい

しん様　こんどの　日よう日　おひまかしら？

きょうも　よく　がんばったぞ！
おわったら
ぶりぶり
シールを
はろう

9-2 いろいたで かたちを　つくろう②

月（がつ）　日（にち）
よう日（び）

1 ①〜③の　かたちは、あの　いろいたが　なんまいで　できますか。

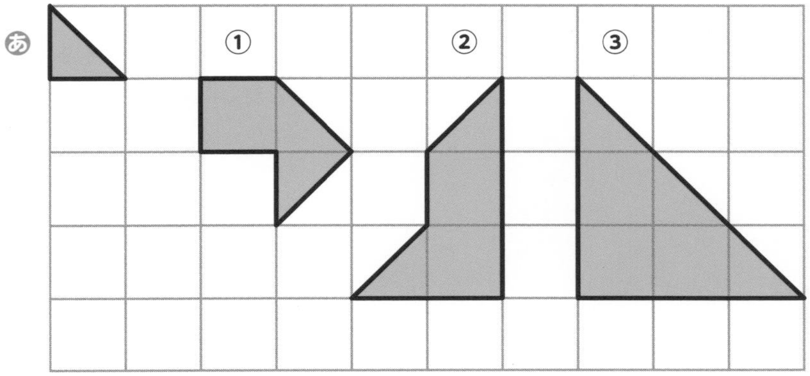

あ
①
②
③

① [　　] まい

② [　　] まい

③ [　　] まい

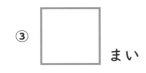

2 あの　かたちから　いろいたを　１まいだけ　うごかしました。できる　かたちは　どれですか。
（　）に　すべて　○を　つけましょう。

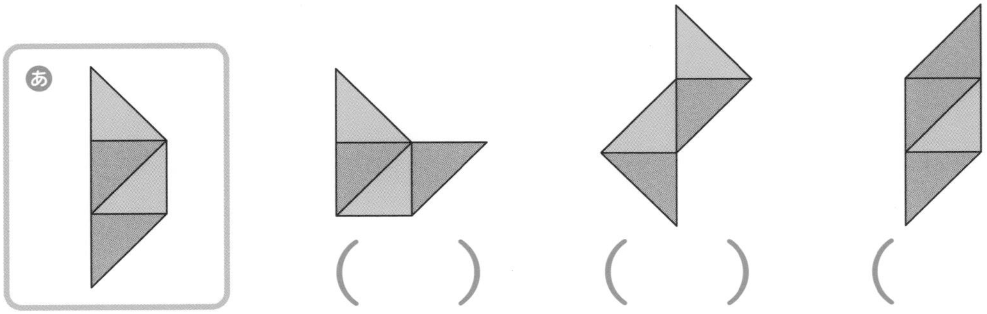

あ

（　　）　（　　）　（　　）

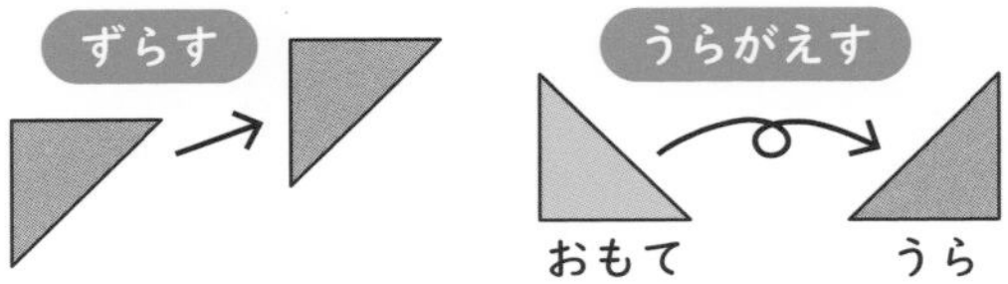

ずらす
うらがえす
おもて
うら

この　わざで
こうりゃくだ!

おじょう様（さま）　どう　なさいました？

きょうも　よく　がんばったぞ!
おわったら
ぶりぶり
シールを
はろう

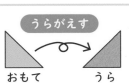

いろいたで かたちを　つくろう③

がつ月	にち日
	ようび日

①

やってみるゾ！　シートを　つかって　とこう！

4 いろいたを　つかって、①～③の　かたちを　つくりましょう。できたら、どんなふうに　いたを　おいたのか、きれ目（め）の　せんを　かきましょう。

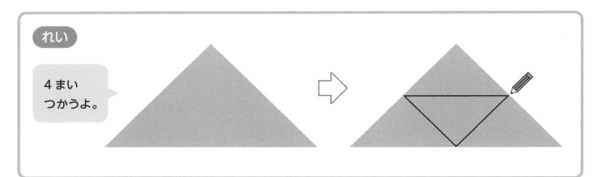

れい

4まい　つかうよ。

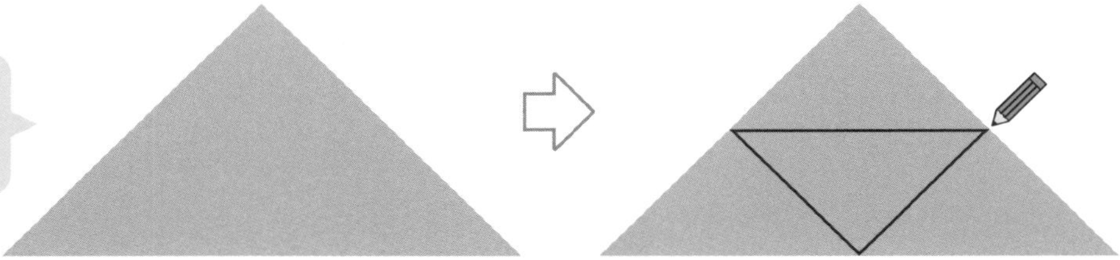

①

3まい　つかうよ。

②

4まい　つかうよ。

③

6まい　つかうよ。

③の　つくりかたは　2とおり　あるのだ。

すくいの　ヒーロー　ぶりぶりざえもん　さん上（じょう）!!

きょうも　よく　がんばったぞ！

おわったら　ぶりぶりシールを　はろう

9 ④

かぞえぼうで かたちを　つくろう①

月　日
よう日

かぞえぼうで　いろいろな　かたちを　つくるのだ！

ならべかたに　よって、ちがう　かたちが　できるよ。

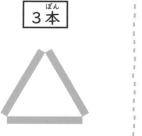

3本

さんかくの　かたち

4本

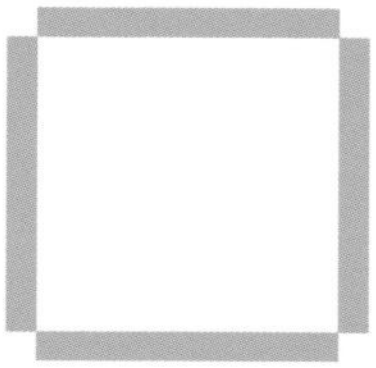

しかくの　かたち

6本

ながしかくの　かたち

1　かぞえぼうで　かたちを　つくりました。

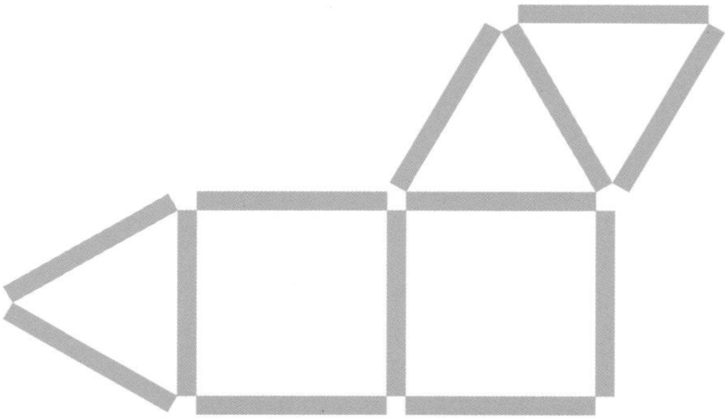

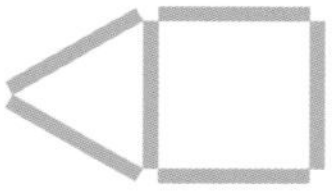

かぞえぼう　6本で
さんかくと　しかくが
つくれるよ！

① かぞえぼう ―― は　なん本　ありますか。　□ 本

② さんかく △ と　しかく □ は　それぞれ　なんこ　ありますか。

さんかく △ □ こ　　しかく □ □ こ

キャン。

きょうも　よく　がんばったぞ！
おわったら
ぶりぶり
シールを
はろう

かぞえぼうで　かたちを　つくろう②

月(がつ)　日(にち)
よう日(び)

① 

やってみるゾ！　シートを　つかって　とこう！

5 かぞえぼうで　かたちを　つくりましょう。

さんかく △ か　しかく □ が　入(はい)った　かたちを
つくりましょう。

れい

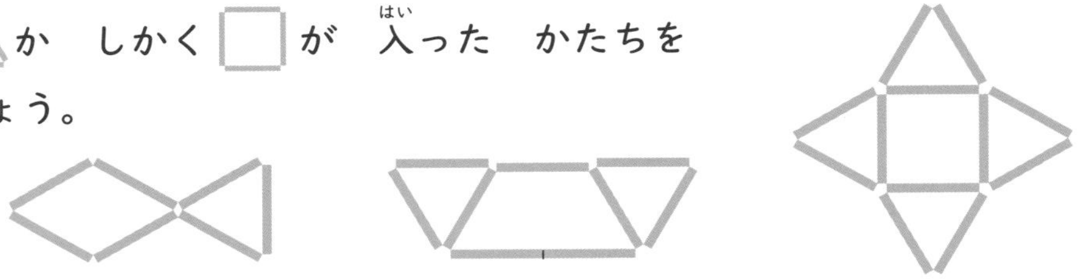

かたちが　つくれたら、
ここに　のりで　はろう。

ものは　大(たい)せつに　しようね。

きょうも　よく　がんばったぞ！
おわったら
ぶりぶりシールを
はろう

せんで　つないで　かたちを　つくろう①

月　日　よう日

●と　●を　せんで　つないで　かたちを　つくるのだ！

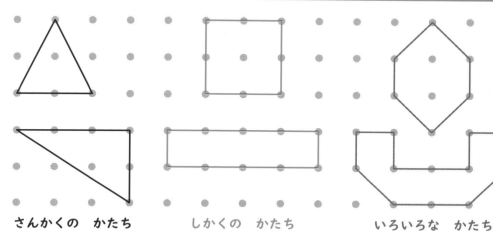

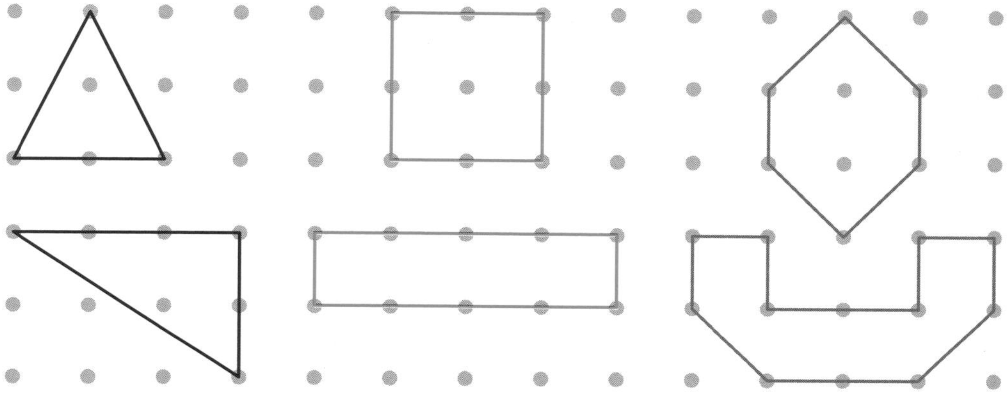
さんかくの　かたち
しかくの　かたち
いろいろな　かたち

1 おなじ　かたちを　下に　かきましょう。

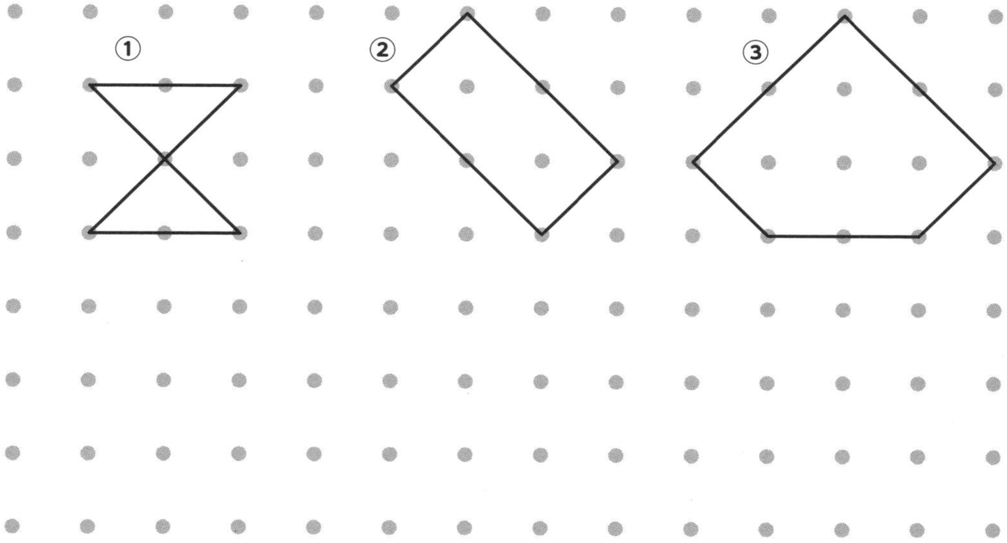
①
②
③

おーっ　かっこいい!!

きょうも　よく　がんばったぞ！
おわったら
ぶりぶりシールを
はろう

せんで　つないで
かたちを　つくろう②

月　　日
よう日

1　おなじ　かたちを　下に　かきましょう。

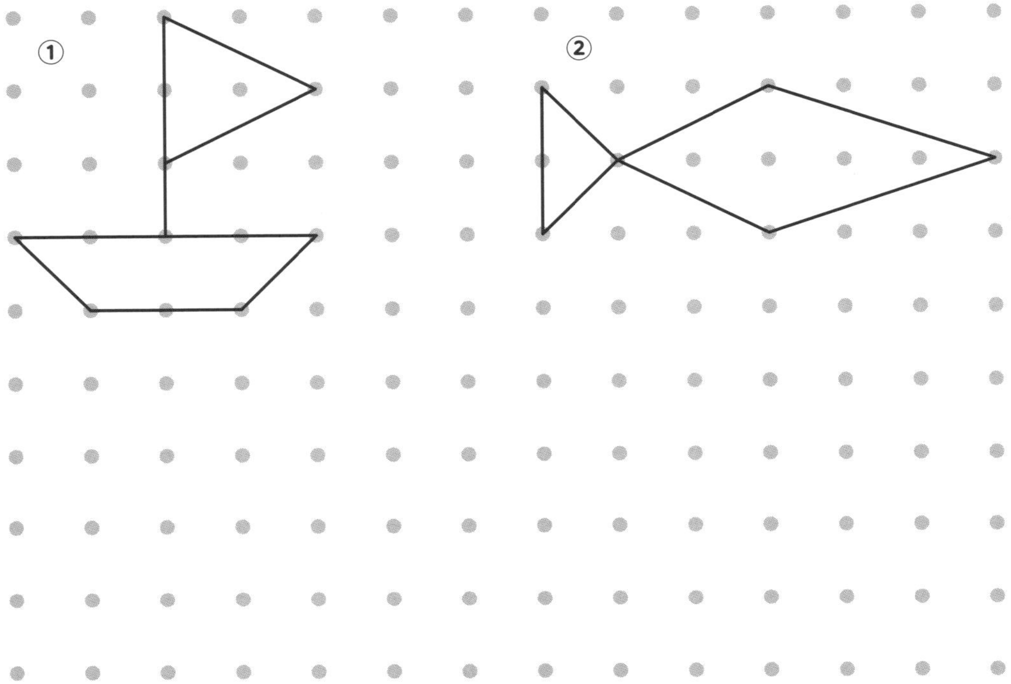
①
②

2　★を　とおるように、
じゆうに　かたちを
かきましょう。

れい

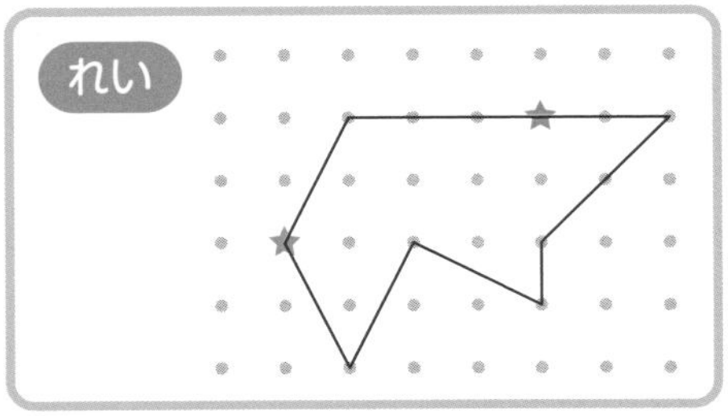

オラたちって　すばらしい!!

きょうも　よく　がんばったぞ!
おわったら
ぶりぶりシールを
はろう

おさらいテスト⑤

51～68ページの　おさらいだゾ！

月　日

てん

1 ①～④を　上から　見た　かたちは　どれですか。せんで　むすびましょう。

1もん　10てん

①　②　③　④

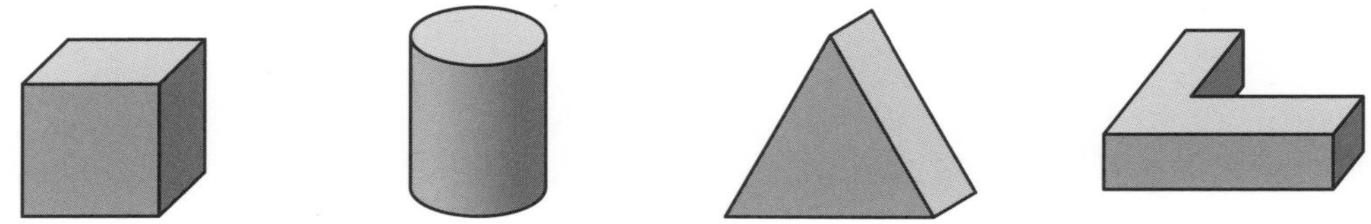

上から見たかたち

2 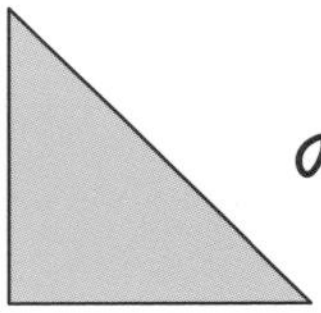 の　いろいたを　4まい　つかって、かたちを　つくりました。　きれ目の　せんを　かきましょう。

1もん　30てん

①

②

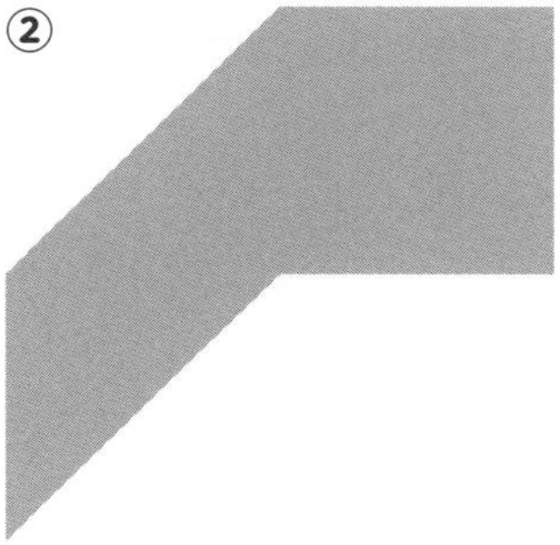

「いろいた」や「かぞえぼう」で、好きな形を作って遊びましょう。

きょうも　よく　がんばったぞ！　おわったら　ぶりぶりシールを　はろう

1年

かくにんテスト①

月　日

てん

1　かみを　おって、たてと　よこの　ながさを　くらべました。
ながい　ほうに　○を　つけましょう。　1もん　20てん

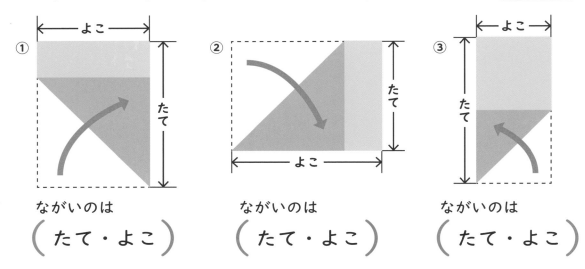

①
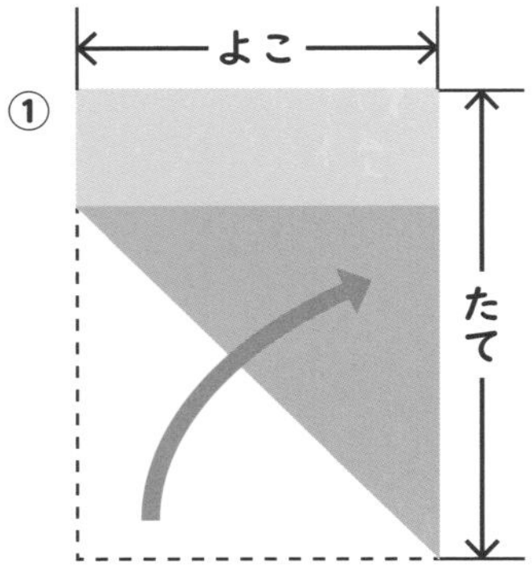

よこ
たて

②
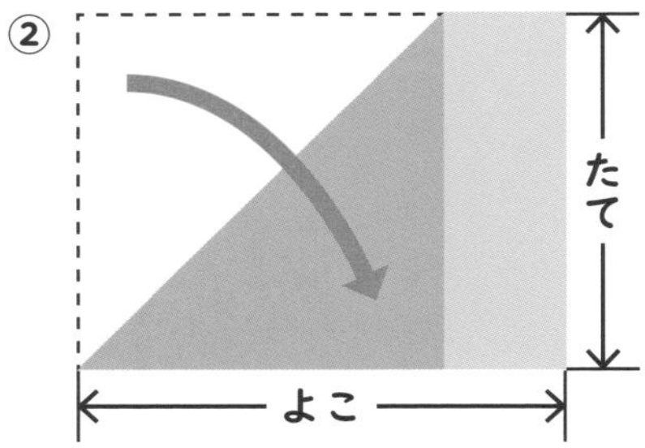

たて
よこ

③
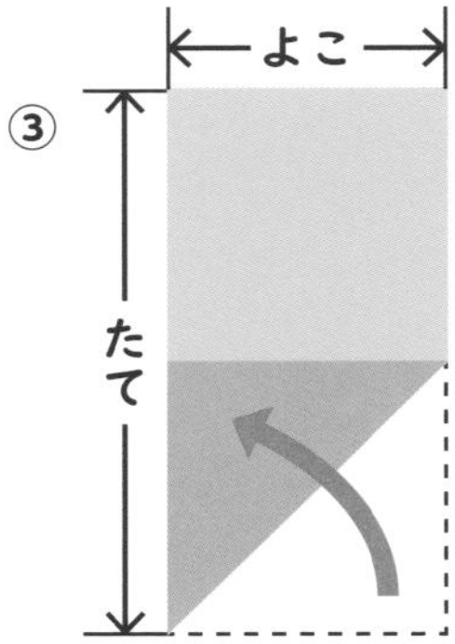

よこ
たて

ながいのは
（ たて・よこ ）

ながいのは
（ たて・よこ ）

ながいのは
（ たて・よこ ）

2　ますを　つかって、ながさを　くらべましょう。　1もん　20てん

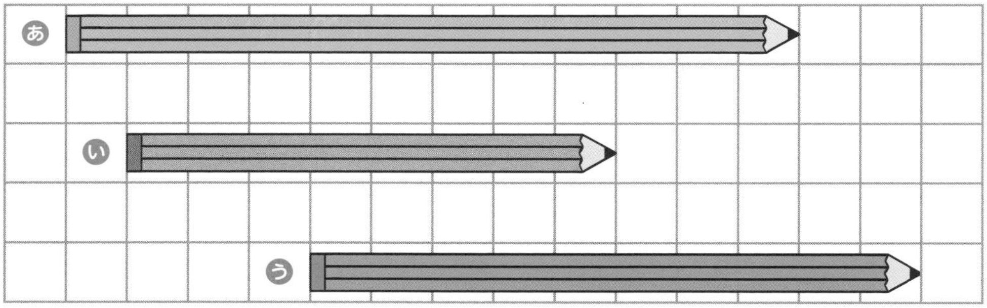

あ
い
う

① あの　ながさは　ます　なんこぶんですか。 □ こぶん

② いと　うは　どちらが　どれだけ　ながいですか。

□ の　ほうが　ます □ こぶん　ながい。

きょうも　よく　がんばったぞ!
おわったら
ぶりぶり
シールを
はろう

1年

かくにんテスト②

月(がつ)　日(にち)

てん

1 とけいを　よんで、□に　すう字(じ)を　かきましょう。

① 5てん
②～③1もん　10てん

①

②

③

① □じ　② □じ□ふん　③ □じ□ぷん

2 ［　］の　中(なか)の　じかんに　あわせて
ながい　はりを　かきましょう。

1もん　15てん

① ［　2じ　］

② ［11じ30ぷん］

③ ［1じ45ふん］

④ ［5じ4ふん］

⑤ ［12じ49ふん］

きょうも　よく　がんばったぞ!
おわったら
ぶりぶりシールを
はろう

1年

かくにんテスト③

月　日

てん

1 水(みず)が　おおく　入(はい)って　いる　じゅんに、（　）に
1、2、3と　すう字(じ)を　かきましょう。

1つ　10てん

①

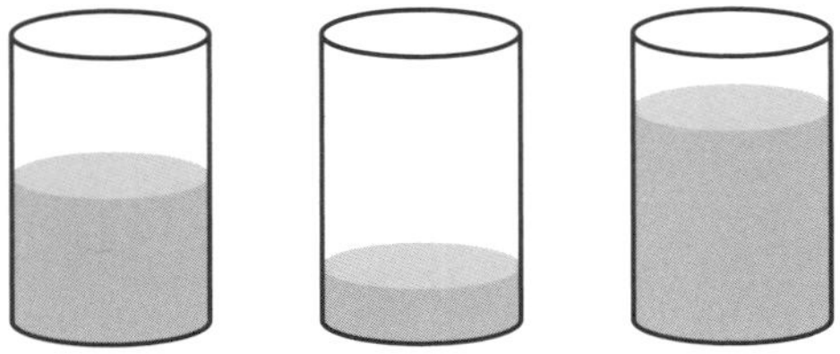

（　）（　）（　）

②

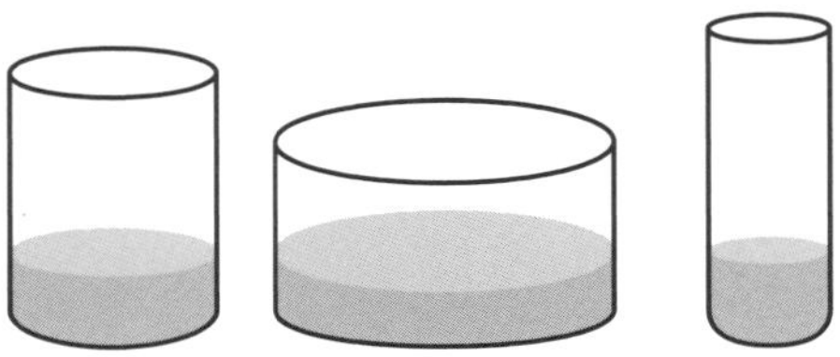

（　）（　）（　）

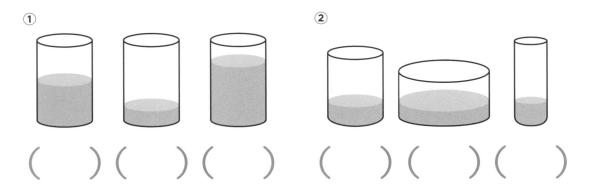

2 あと　いで　ひろいのは　どちらですか。
□に　きごうを　かきましょう。

1もん　20てん

①

あ

い

□

②

あ
うすい赤(あか)

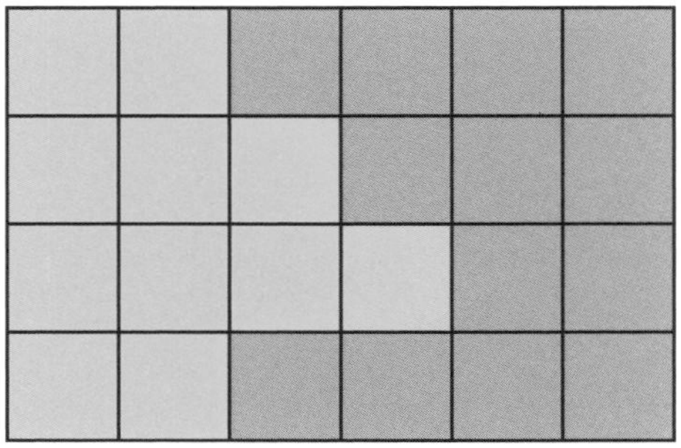

い
はいいろ

□

きょうも　よく　がんばったぞ!
おわったら
ぶりぶり
シールを
はろう

1年

かくにんテスト④

月　日

てん

1　下の　かたちは　あと　い、どちらを　見て　かいた　ものですか。（　）に　○を　つけましょう。　1もん　20てん

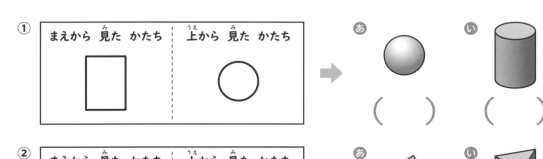

①

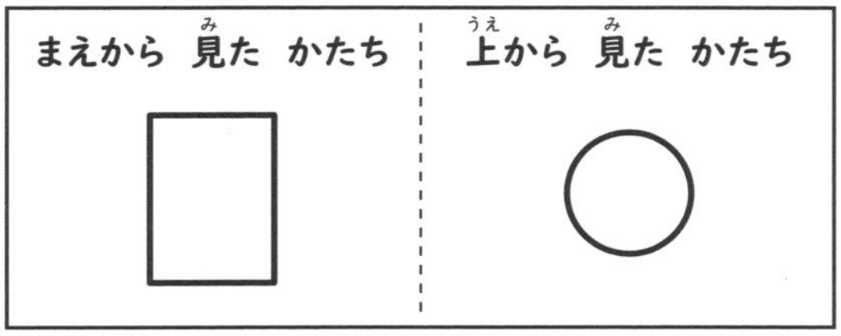

まえから 見た かたち
上から 見た かたち

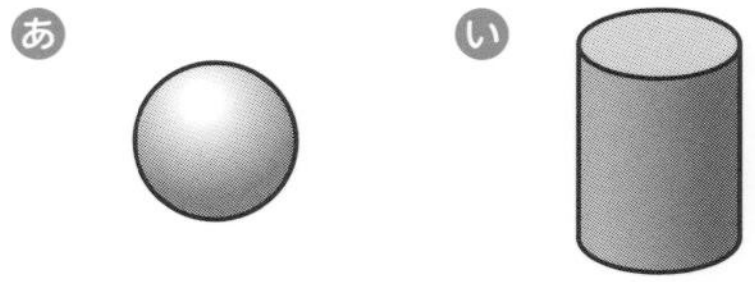

あ
い

あ（　）　い（　）

②

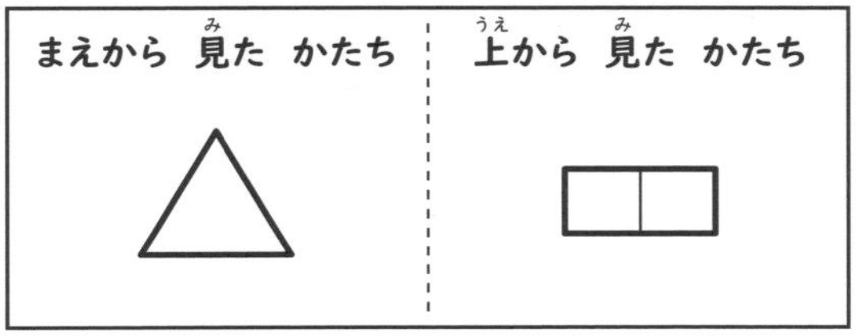

まえから 見た かたち
上から 見た かたち

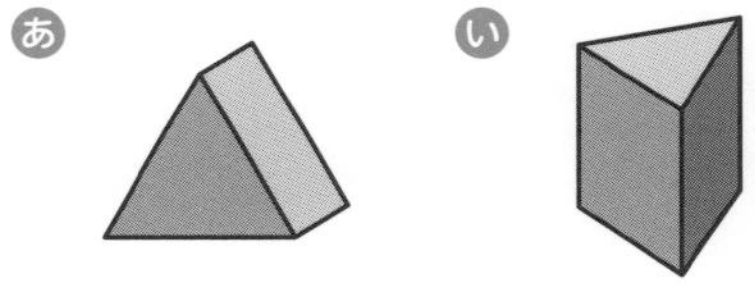

あ
い

あ（　）　い（　）

③

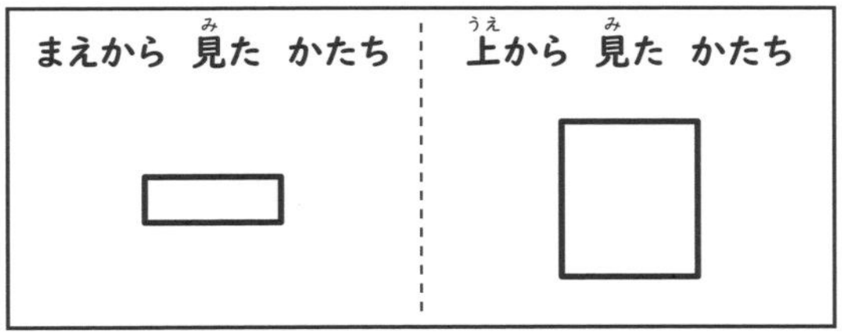

まえから 見た かたち
上から 見た かたち

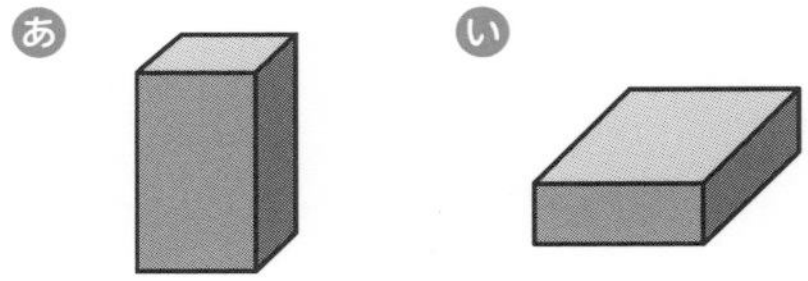

あ
い

あ（　）　い（　）

2　あの　かたちから　いろいたを　１まいだけ　うごかしました。
できる　かたちは　どれですか。
（　）に　すべて　○を　つけましょう。　40てん

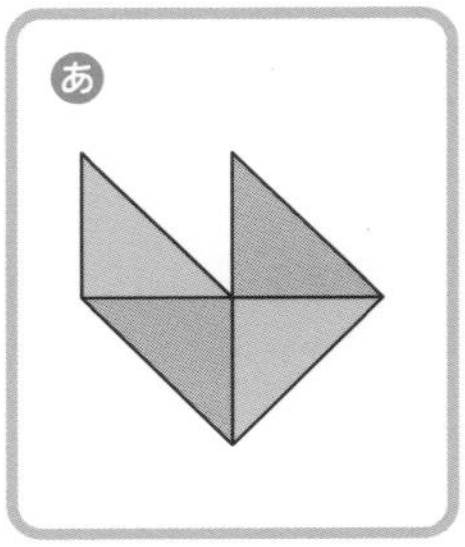

あ

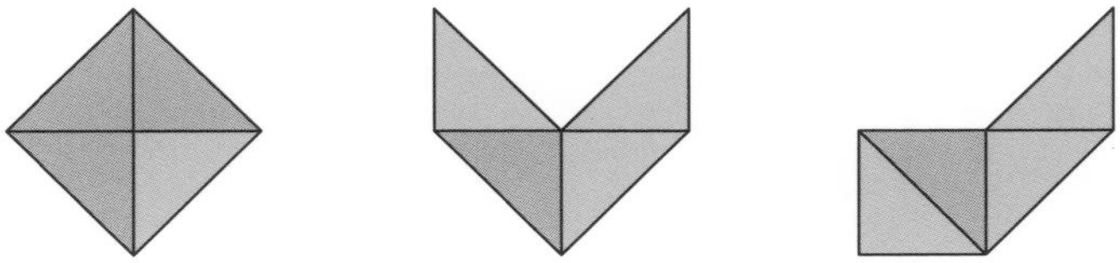

（　）　（　）　（　）

きょうも よく がんばったぞ!
おわったら
ぶりぶり
シールを
はろう

こたえあわせだゾ！

4ページ

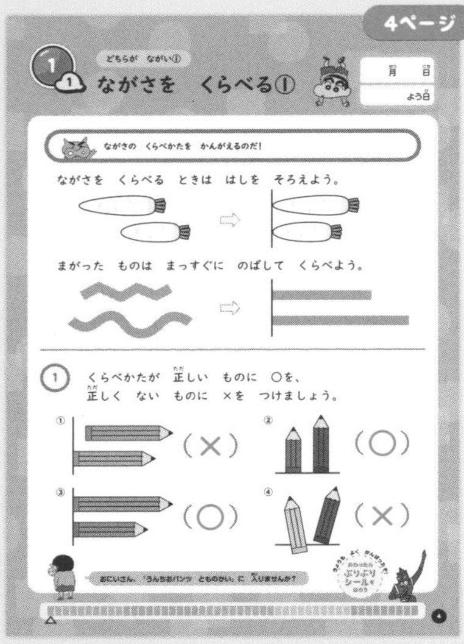

1-1 どちらが ながい①
ながさを くらべる①

月 日 よう日

ながさの くらべかたを かんがえるのだ！

ながさを くらべる ときは はしを そろえよう。

まがった ものは まっすぐに のばして くらべよう。

1 くらべかたが 正しい ものに ○を、正しく ない ものに ×を つけましょう。

① （×） ② （○）
③ （○） ④ （×）

おにいさん、「うんちおパンツ ともの会」に 入りませんか？

4

5ページ

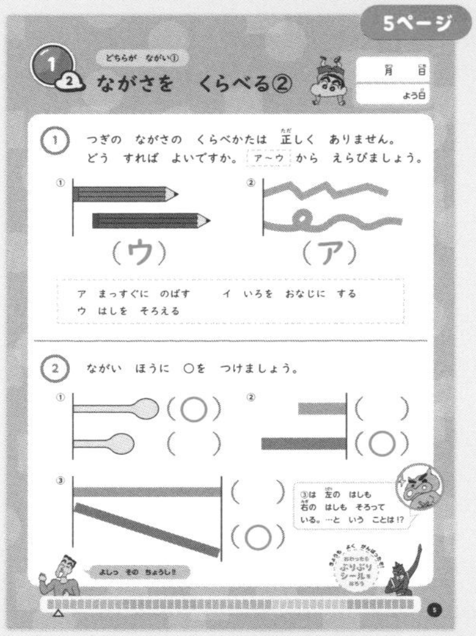

1-2 どちらが ながい①
ながさを くらべる②

月 日 よう日

1 つぎの ながさの くらべかたは 正しく ありません。どう すれば よいですか。ア〜ウ から えらびましょう。

① （ウ） ② （ア）

ア まっすぐに のばす イ いろを おなじに する
ウ はしを そろえる

2 ながい ほうに ○を つけましょう。

① （○） （ ） ② （ ） （○）
③ （ ） （○）

③は 左の はしも 右の はしも そろって いる…と いう ことは!?

よしっ その ちょうし！

5

6ページ

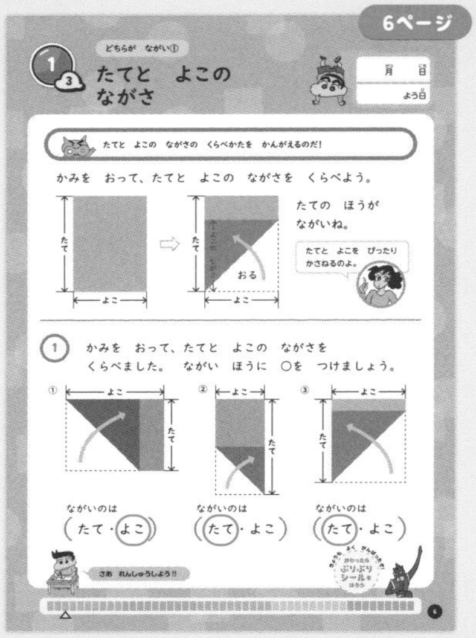

1-3 どちらが ながい①
たてと よこの ながさ

月 日 よう日

たてと よこの ながさの くらべかたを かんがえるのだ！

かみを おって、たてと よこの ながさを くらべよう。

たての ほうが ながいね。

たてと よこを ぴったり かさねるのよ。

おる

1 かみを おって、たてと よこの ながさを くらべました。ながい ほうに ○を つけましょう。

① ながいのは （たて・(よこ)）
② ながいのは （(たて)・よこ）
③ ながいのは （(たて)・よこ）

さあ れんしゅうしよう!!

6

7ページ

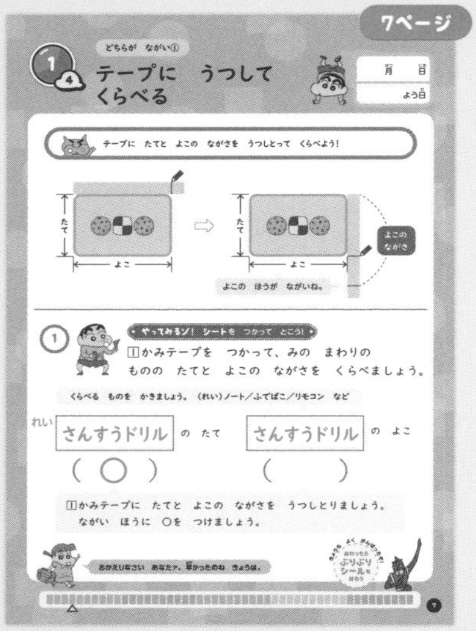

1-4 どちらが ながい①
テープに うつして くらべる

月 日 よう日

テープに たてと よこの ながさを うつしとって くらべよう！

たて よこ よこの ながさ

よこの ほうが ながいね。

1 やってみるゾ！ シートを つかって とこう！

1 かみテープを つかって、みの まわりの ものの たてと よこの ながさを くらべましょう。

くらべる ものを かきましょう。（れい）ノート／ふでばこ／リモコン など

れい さんすうドリル の たて （○）　さんすうドリル の よこ （ ）

1 かみテープに たてと よこの ながさを うつしとりましょう。ながい ほうに ○を つけましょう。

おかえりなさい あなた。早かったのね きょうは。

7

8ページ

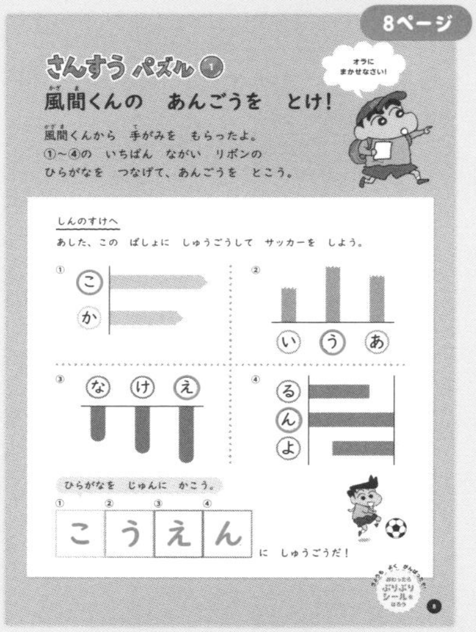

さんすうパズル 1
風間くんの あんごうを とけ！

オラに まかせなさい！

風間くんから 手がみを もらったよ。
①〜④の いちばん ながい リボンの ひらがなを つなげて、あんごうを とこう。

しんのすけへ
あした、この ばしょに しゅうごうして サッカーを しよう。

① (こ) か
② い (う) あ
③ な け (え)
④ る (ん) よ

ひらがなを じゅんに かこう。

① こ ② う ③ え ④ ん に しゅうごうだ！

8

10ページ

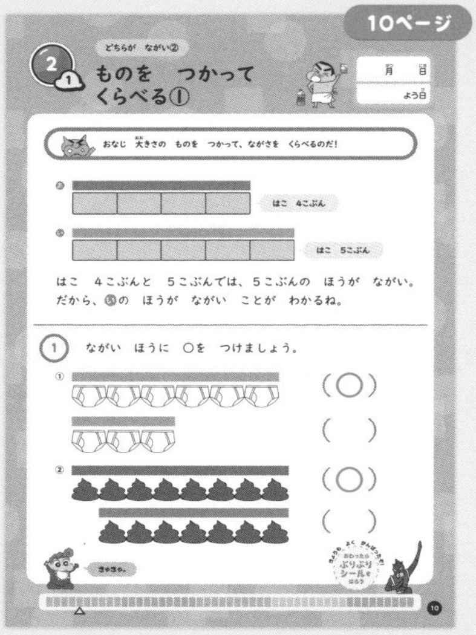

2-1 どちらが ながい②
ものを つかって くらべる①

月 日 よう日

おなじ 大きさの ものを つかって、ながさを くらべるのだ！

あ はこ 4こぶん
い はこ 5こぶん

はこ 4こぶんと 5こぶんでは、5こぶんの ほうが ながい。
だから、いの ほうが ながい ことが わかるね。

1 ながい ほうに ○を つけましょう。

① （○） （ ）
② （○） （ ）

まあまあ。

10

11ページ

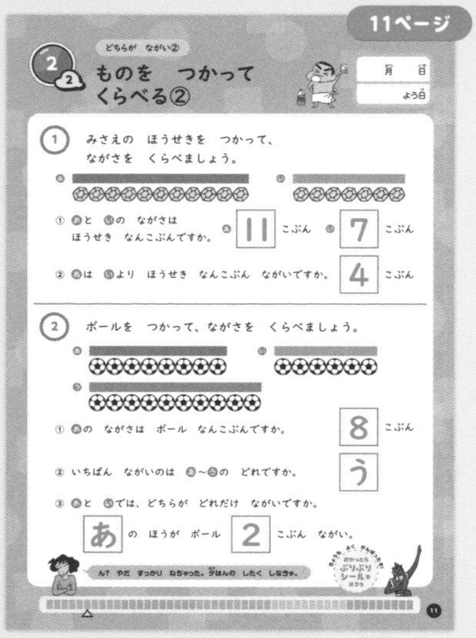

2-2 どちらが ながい②
ものを つかって くらべる②

月 日 よう日

1 みさえの ほうせきを つかって、ながさを くらべましょう。

① あと いの ながさは ほうせき なんこぶんですか。 あ 11 こぶん い 7 こぶん
② あは いより ほうせき なんこぶん ながいですか。 4 こぶん

2 ボールを つかって、ながさを くらべましょう。

① あの ながさは ボール なんこぶんですか。 8 こぶん
② いちばん ながいのは あ〜うの どれですか。 う
③ あと いでは、どちらが どれだけ ながいですか。
あ の ほうが ボール 2 こぶん ながい。

ん？ やだ すっかり ねちゃった。夕はんの したく しなきゃ。

11

12ページ

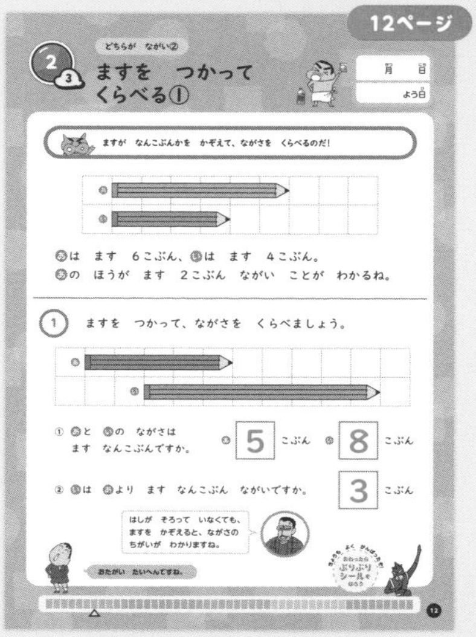

2-3 どちらが ながい②
ますを つかって くらべる①

月 日 よう日

ますが なんこぶんかを かぞえて、ながさを くらべるのだ！

あは ます 6こぶん、いは ます 4こぶん。
あの ほうが ます 2こぶん ながい ことが わかるね。

1 ますを つかって、ながさを くらべましょう。

① あと いの ながさは ます なんこぶんですか。 あ 5 こぶん い 8 こぶん
② いは あより ます なんこぶん ながいですか。 3 こぶん

はしが そろって いなくても、ますを かぞえると、ながさの ちがいが わかりますね。

おたがい たいへんですね。

12

13ページ

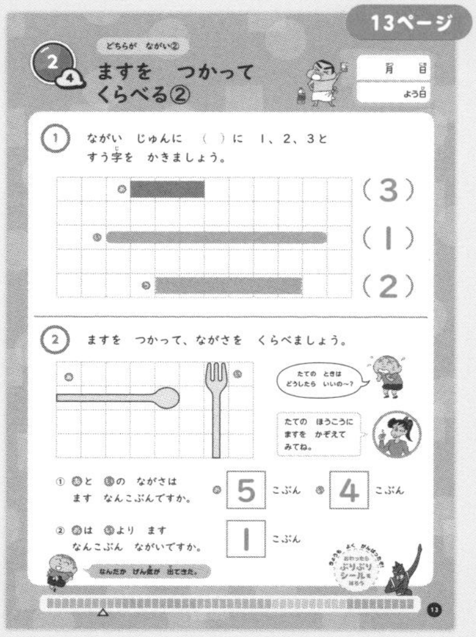

2-4 どちらが ながい②
ますを つかって くらべる②

月 日 よう日

1 ながい じゅんに （ ）に 1、2、3と すう字を かきましょう。

あ （3）
い （1）
う （2）

2 ますを つかって、ながさを くらべましょう。

たての ときは どうしたら いいの〜？

たての ほうこうに ますを かぞえて みてね。

① あと いの ながさは ます なんこぶんですか。 あ 5 こぶん い 4 こぶん
② あは いより ます なんこぶん ながいですか。 1 こぶん

なんだか げん気が 出てきた。

13

※ひらがなの記号は、○を省略しています。

14ページ

どちらが ながい②
2-5 ますを つかって くらべる③

1 ますを つかって、ながさを くらべましょう。

① あの ながさは ます なんこぶんですか。 **5** こぶん

② いと うは どちらが どれだけ ながいですか。 **う** の ほうが ます **2** こぶん ながい。

③ うと えは どちらが どれだけ ながいですか。 **え** の ほうが ます **1** こぶん ながい。

④ いちばん ながいのは あ〜えの どれですか。 **え**

さあ!! 気あい 入れるよ!!

15ページ

どちらが ながい②
2-6 ますを つかって くらべる④

まがった せんの ながさを くらべるのだ!

ますを かぞえて、ゴールまでの ながさを くらべよう。
あ→ゴール ます 6こぶん。
い→ゴール ます 5こぶん。
あの ほうが ながいね。

1 しんちゃんと 風間くんが こうえんまで あるいて いきます。どちらが とおいですか。（ ）に ○を つけましょう。

ますの かずを くらべると どちらが とおいか わかるわよ。

こうえんまで とおいのは しんちゃん（**○**） 風間くん（ ） です。

名のるほどの ものじゃ ございません。

16ページ

おさらいテスト①
3〜15ページの おさらいだゾ!

1 テープを つかって たてと よこの ながさを くらべました。たてと よこ、ながいのは どちらですか。

① **たて** の ほうが ながい。

② **よこ** の ほうが ながい。

2 どちらが どれだけ ながいですか。ますを つかって くらべましょう。

い の ほうが ます **2** こぶん ながい。

長さを比べる方法は、いろいろあることを覚えておきましょう。

18ページ

なんじ なんじはん
3-1 なんじ①

とけいを よんで みるのだ!

みじかい はり なんじかを しめす。
ながい はり なんぷんかを しめす。12に ある ときは 「○じ」と よむ。
とけいの はりは 右まわりだゾ!

みじかい はりが 8、ながい はりが 12 の ところに あるから 「8じ」だよ。

1 とけいを よみましょう。

① みじかい はりが **7**、ながい はりが **12** の ところに あるから **7** じ。

はりが どの すう字を さして いるか よく 見ようぜ!

② **6** じ　③ **3** じ

だいじょうぶよ、いっしょうけんめい やったんだから。

19ページ

なんじ なんじはん
3-2 なんじ②

1 2じの とけいは どれですか。（ ）に ○を つけましょう。

①（ ） ②（ ） ③（**○**）

2 ［ ］の 中の じかんに あわせて、ながい はりや みじかい はり、または りょうほうを かきましょう。

① ［1じ］ ② ［12じ］ ③ ［9じ］ ④ ［5じ］ ⑤ ［7じ］

そうそう! その ちょうしー!

とっと とっと。

20ページ

なんじ なんじはん
3-3 なんじはん①

「なんじはん」の とけいを よむのだ!

みじかい はり すう字と すう字の あいだに ある ときは 小さい すう字を よむ。
ながい はり 6に ある ときは 「○じはん」と よむ。
みじかい はりが 12と 1の あいだに ある ときは 「12じ」と よむぞ。

みじかい はりが 10と 11の あいだ、ながい はりが 6 の ところに あるから 「10じはん」だよ。

1 とけいを よみましょう。

① みじかい はりが **12** と **1** の あいだ、ながい はりが **6** だから **12** じはん。

② **6** じはん　③ **4** じはん

この あと オニごっこ やろーよ。

21ページ

なんじ なんじはん
3-4 なんじはん②

1 8じはんの とけいは どれですか。（ ）に ○を つけましょう。

①（**○**） ②（ ） ③（ ）

2 ［ ］の 中の じかんに あわせて、ながい はりを かきましょう。

① ［5じはん］ ② ［10じはん］ ③ ［2じはん］ ④ ［7じはん］ ⑤ ［1じはん］

じかんは ちゃんと まもろうね

まぁ ガンバッて〜。

22ページ

さんすう パズル 2
いちばん 早く ねたのは?

ききとり ちょうさだゾ!

いちばん 早く ねたのは だれかな? □に 名まえを かこう。

ちょうさ スタート!

みんなは きのう なんじに ねた? オラは 8じだゾ!

ぼくが ねたのは…。 マサオくん **7** じはん
わたしはね…。 ネネちゃん **9** じ
うーんと…。 ボーちゃん **7** じ
いつもより 早く ねたよ! 風間くん **8** じはん

アクションようちえん つうしん
かすかべぼうえいたいで いちばん 早く ねたのは **ボーちゃん** だゾ!

25ページ

なんじなんぷん
4-2 なんじなんぷん②

はじめる まえに いつ はじめたかを かいてね。
この ページを はじめた じこく　じ　ふん（ぷん）

1 とけいを よみましょう。

① 3 じ **30** ぷん　② 11 じ **45** ふん

とけいを よめるなんて すってき〜!

③ **1** じ **20** ぷん　④ **6** じ **38** ぷん

いつ おえたのかも かきましょう。
この ページを おえた じこく　じ　ふん（ぷん）

⑤ **4** じ **7** ふん　⑥ **9** じ **52** ふん

へぺへぺへ。

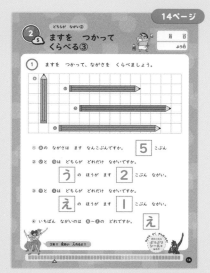

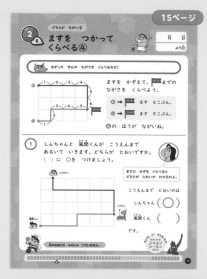

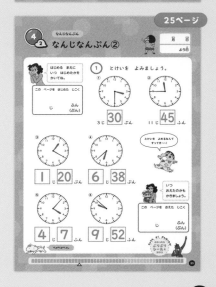

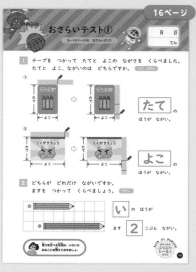

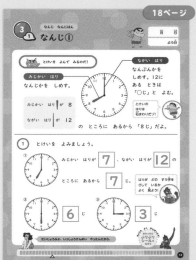

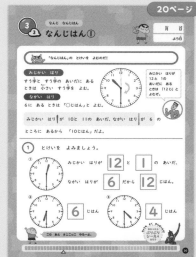

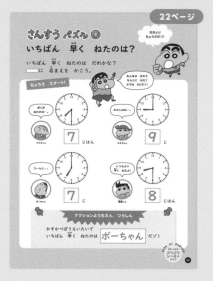

※ひらがなの記号は、○を省略しています。

26ページ

なんじなんぷん③
月　日　よう日
この ページを はじめた じこく　じ　ふん（ぷん）
① [ ] の 中の じこくに あわせて、ながい はりを かきましょう。
①[3じ25ふん]　②[7じ55ふん]　③[10じ46ぷん]
④[2じ6ぷん]　⑤[6じ35ふん]
⑥[12じ12ふん]　⑦[8じ47ふん]
この ページを おえた じこく　じ　ふん（ぷん）

27ページ

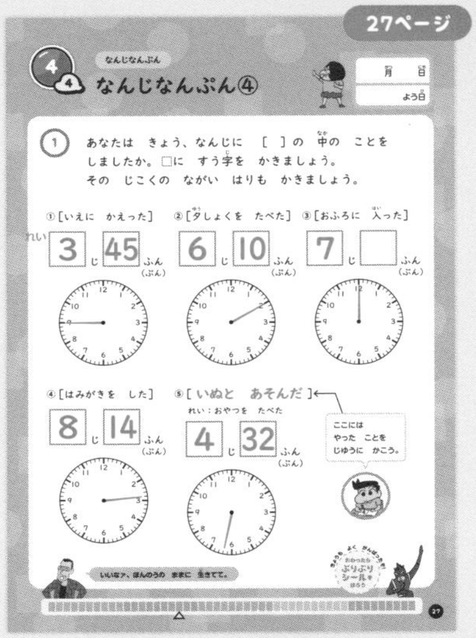

なんじなんぷん④
月　日　よう日
① あなたは きょう、なんじに [ ] の 中の ことを しましたか。□に すう字を かきましょう。その じこくの ながい はりも かきましょう。
①[いえに かえった] 3 じ 45 ふん（ぷん）
②[夕しょくを たべた] 6 じ 10 ふん（ぷん）
③[おふろに 入った] 7 じ　ふん（ぷん）
④[はみがきを した] 8 じ 14 ふん（ぷん）
⑤[いぬと あそんだ] れい：おやつを たべた 4 じ 32 ふん（ぷん）
ここには やった ことを じゆうに かこう。

28ページ

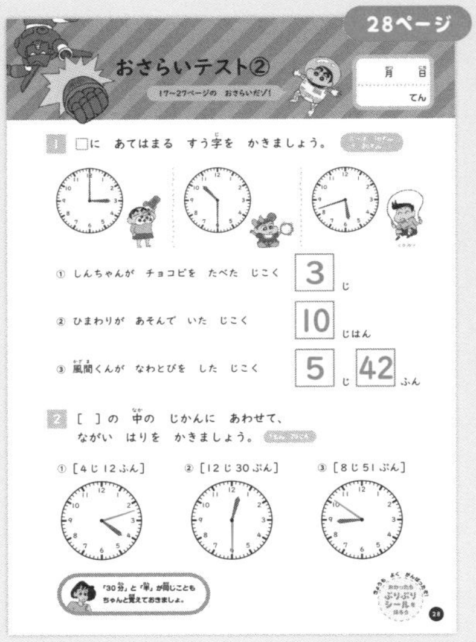

おさらいテスト②
17〜27ページの おさらいだゾ！
月　日　てん
1 □に あてはまる すう字を かきましょう。
① しんちゃんが チョコビを たべた じこく 3 じ
② ひまわりが あそんで いた じこく 10 じはん
③ 風間くんが なわとびを した じこく 5 じ 42 ふん
2 [ ] の 中の じかんに あわせて、ながい はりを かきましょう。
①[4じ12ふん]　②[12じ30ぷん]　③[8じ51ぷん]

31ページ

どちらが おおい
入れものを つかって くらべる②
月　日　よう日
① 水が おおく 入って いるのは どちらですか。おおい ほうの （ ）に ○を つけましょう。
①（○）（ ）　②（○）（ ）
② 水が おおい じゅんに、（ ）に 1、2、3と すう字を かきましょう。
①（3）（1）（2）　②（2）（3）（1）

32ページ

どちらが おおい
水を うつして くらべる①
月　日　よう日
水が たくさん 入るのは どちらの 入れものかな？
あに いっぱいに 入れた 水を いと うに うつす。
いに まだ 水が のこって いるから、いより うの ほうが たくさん 入る。
うに まだ 水が 入るから、えより うの ほうが たくさん 入る。
① 水が おおく 入るほうに ○を つけましょう。
（あ・い）（う・え）（お・か）

33ページ

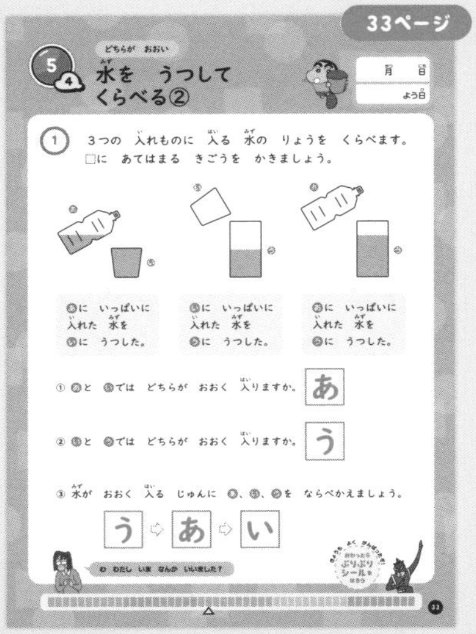

どちらが おおい
水を うつして くらべる②
月　日　よう日
① 3つの 入れものに 入る 水の りょうを くらべます。□に あてはまる きごうを かきましょう。
あに いっぱいに 入れた 水を えに うつした。
いに いっぱいに 入れた 水を おに うつした。
うに いっぱいに 入れた 水を かに うつした。
① あと いでは どちらが おおく 入りますか。あ
② いと うでは どちらが おおく 入りますか。う
③ 水が おおく 入る じゅんに あ、い、うを ならべかえましょう。う ⇨ あ ⇨ い

34ページ

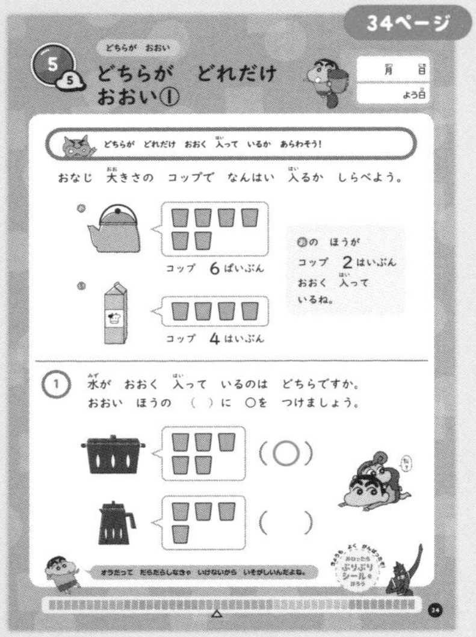

どちらが おおい
どちらが どれだけ おおい①
月　日　よう日
どちらが どれだけ おおく 入って いるか あらわそう！
おなじ 大きさの コップで なんはい 入るか しらべよう。
コップ 6ぱいぶん
コップ 4はいぶん
あの ほうが コップ 2はいぶん おおく 入って いるね。
① 水が おおく 入って いるのは どちらですか。おおい ほうの （ ）に ○を つけましょう。
（○）
（ ）

35ページ

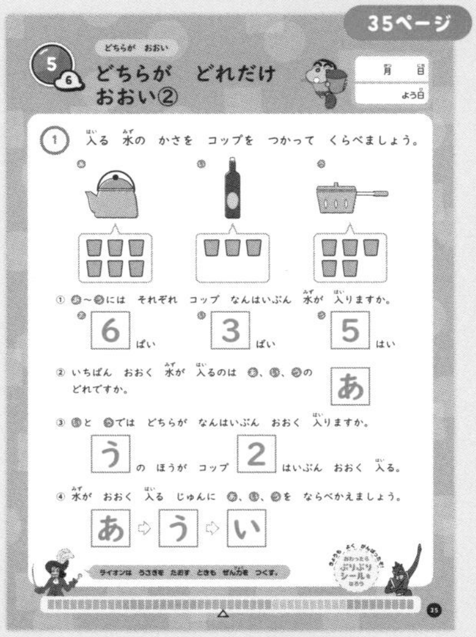

どちらが おおい
どちらが どれだけ おおい②
月　日　よう日
① 入る 水の かさを コップを つかって くらべましょう。
① あ〜うには それぞれ コップ なんはいぶん 水が 入りますか。6 ぱい　3 ばい　5 はい
② いちばん おおく 水が 入るのは あ、い、うの どれですか。あ
③ いと うでは どちらが なんはいぶん おおく 入りますか。う の ほうが コップ 2 はいぶん おおく 入る。
④ 水が おおく 入る じゅんに あ、い、うを ならべかえましょう。あ ⇨ う ⇨ い

36ページ

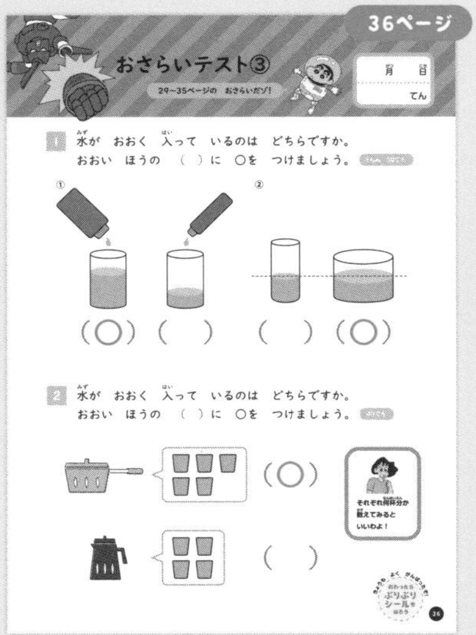

おさらいテスト③
29〜35ページの おさらいだゾ！
月　日　てん
1 水が おおく 入って いるのは どちらですか。おおい ほうの （ ）に ○を つけましょう。
①（○）（ ）　②（ ）（○）
2 水が おおく 入って いるのは どちらですか。おおい ほうの （ ）に ○を つけましょう。
（○）
（ ）

※ひらがなの記号は、○を省略しています。

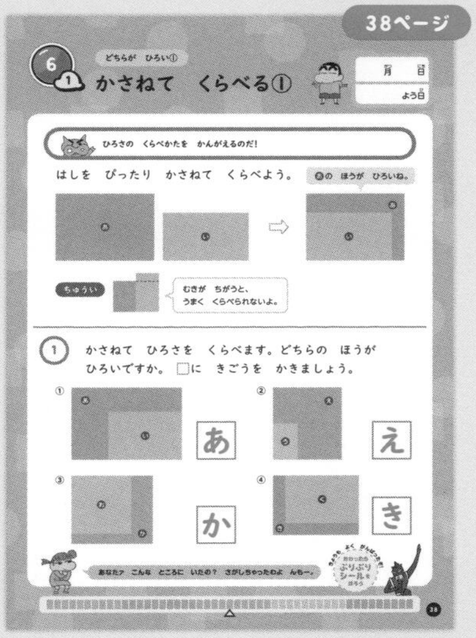
38ページ

6-1 どちらが ひろい① かさねて くらべる①

ひろさの くらべかたを かんがえるのだ！

はしを ぴったり かさねて くらべよう。

あの ほうが ひろいね。

ちゅうい むきが ちがうと、うまく くらべられないよ。

1 かさねて ひろさを くらべます。どちらの ほうが ひろいですか。□に きごうを かきましょう。

① あ ② え ③ か ④ き

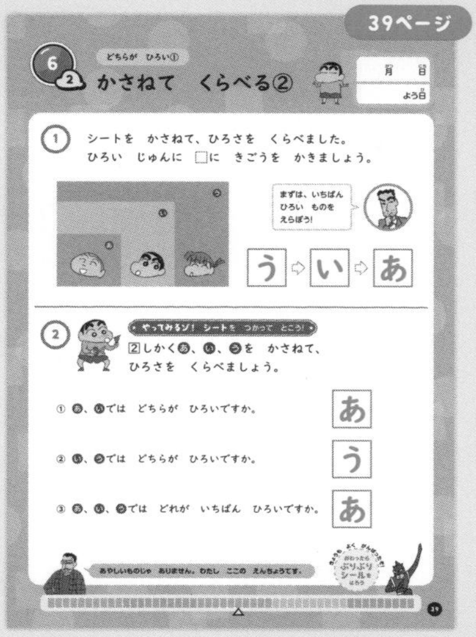
39ページ

6-2 どちらが ひろい① かさねて くらべる②

1 シートを かさねて、ひろさを くらべました。ひろい じゅんに □に きごうを かきましょう。

まずは、いちばん ひろい ものを えらぼう！

う ⇨ い ⇨ あ

2 やってみるゾ！ シートを つかって とこう！ 2しかくあ、い、うを かさねて、ひろさを くらべましょう。

① あ、いでは どちらが ひろいですか。 あ

② い、うでは どちらが ひろいですか。 う

③ あ、い、うでは どれが いちばん ひろいですか。 あ

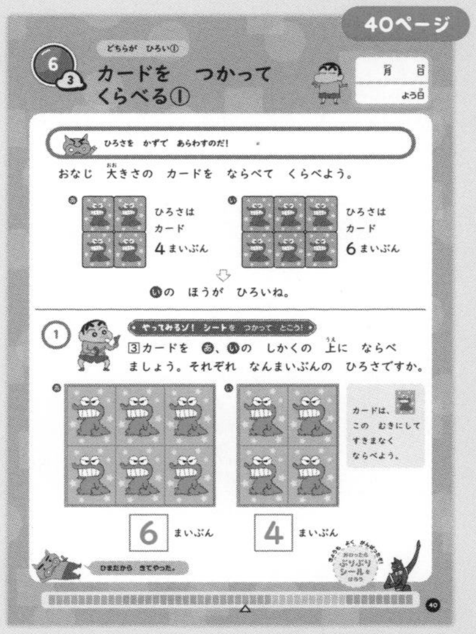
40ページ

6-3 どちらが ひろい① カードを つかって くらべる①

ひろさを かずで あらわすのだ！

おなじ 大きさの カードを ならべて くらべよう。

あ ひろさは カード 4まいぶん　い ひろさは カード 6まいぶん

いの ほうが ひろいね。

1 やってみるゾ！ シートを つかって とこう！ 3カードを あ、いの しかくの 上に ならべましょう。それぞれ なんまいぶんの ひろさですか。

カードは、この むきにして すきまなく ならべよう。

あ 6 まいぶん　い 4 まいぶん

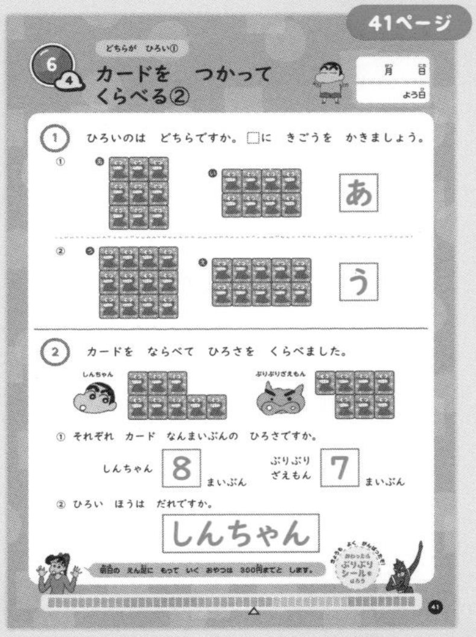
41ページ

6-4 どちらが ひろい① カードを つかって くらべる②

1 ひろいのは どちらですか。□に きごうを かきましょう。

① あ ② う

2 カードを ならべて ひろさを くらべました。

① それぞれ カード なんまいぶんの ひろさですか。

しんちゃん 8 まいぶん　ぶりぶりざえもん 7 まいぶん

② ひろい ほうは だれですか。 しんちゃん

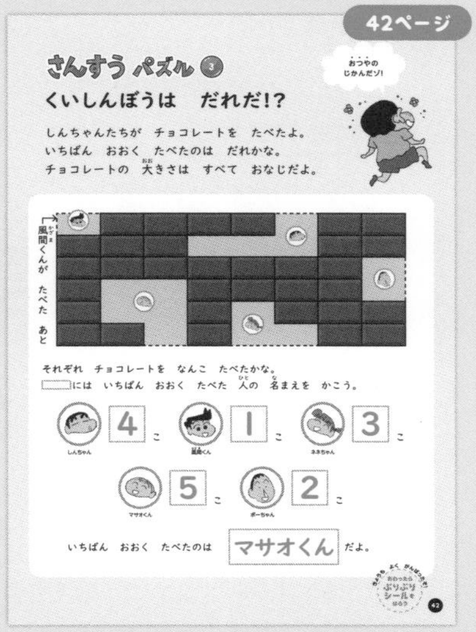
42ページ

さんすう パズル 3 くいしんぼうは だれだ!?

しんちゃんたちが チョコレートを たべたよ。いちばん おおく たべたのは だれかな。チョコレートの 大きさは すべて おなじだよ。

それぞれ チョコレートを なんこ たべたかな。□には いちばん おおく たべた 人の 名まえを かこう。

しんちゃん 4 こ　風間くん 1 こ　ネネちゃん 3 こ　マサオくん 5 こ　ボーちゃん 2 こ

いちばん おおく たべたのは マサオくん だよ。

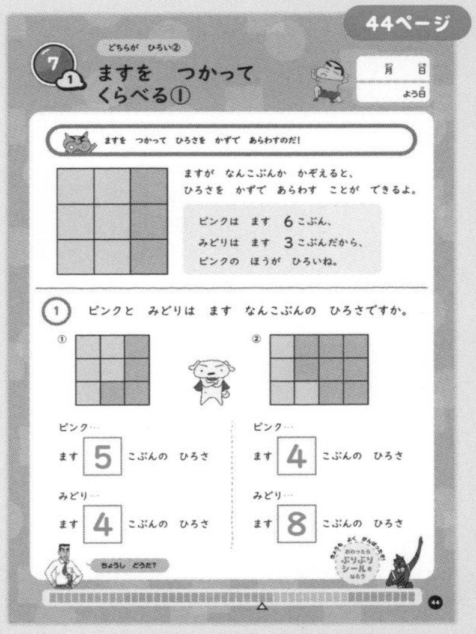
44ページ

7-1 どちらが ひろい② ますを つかって くらべる①

ますを つかって ひろさを かずで あらわすのだ！

ますが なんこぶんか かぞえると、ひろさを かずで あらわす ことが できるよ。

ピンクは ます 6こぶん、みどりは ます 3こぶんだから、ピンクの ほうが ひろいね。

1 ピンクと みどりは ます なんこぶんの ひろさですか。

① ピンク… ます 5 こぶんの ひろさ　みどり… ます 4 こぶんの ひろさ

② ピンク… ます 4 こぶんの ひろさ　みどり… ます 8 こぶんの ひろさ

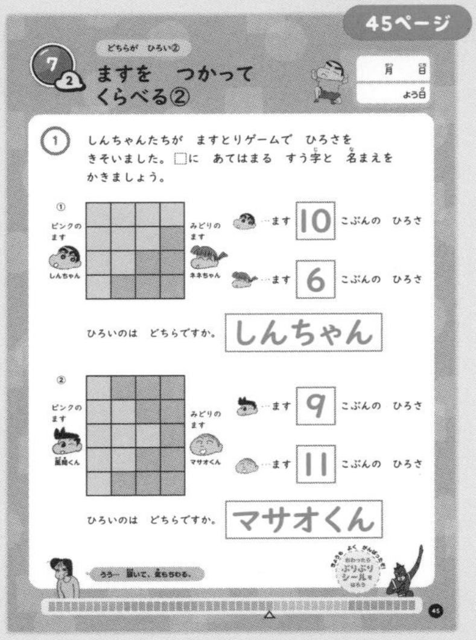
45ページ

7-2 どちらが ひろい② ますを つかって くらべる②

1 しんちゃんたちが ますとりゲームで ひろさを きそいました。□に あてはまる すう字と 名まえを かきましょう。

① しんちゃん…ます 10 こぶんの ひろさ　ネネちゃん…ます 6 こぶんの ひろさ

ひろいのは どちらですか。 しんちゃん

② 風間くん…ます 9 こぶんの ひろさ　マサオくん…ます 11 こぶんの ひろさ

ひろいのは どちらですか。 マサオくん

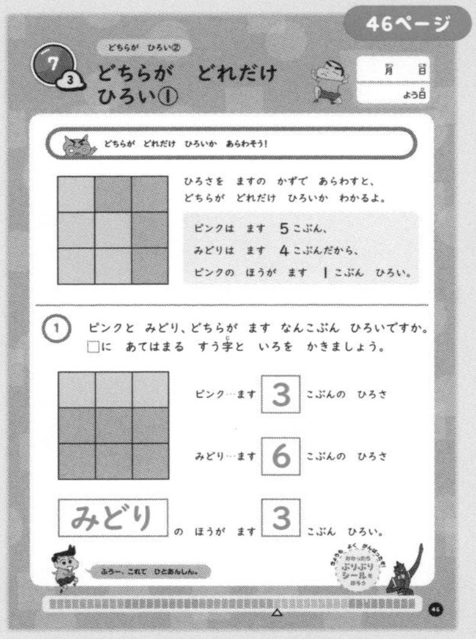
46ページ

7-3 どちらが ひろい② どちらが どれだけ ひろい①

どちらが どれだけ ひろいか あらわそう！

ひろさを ますの かずで あらわすと、どちらが どれだけ ひろいか わかるよ。

ピンクは ます 5こぶん、みどりは ます 4こぶんだから、ピンクの ほうが ます 1こぶん ひろい。

1 ピンクと みどり、どちらが ます なんこぶん ひろいですか。□に あてはまる すう字と いろを かきましょう。

ピンク…ます 3 こぶんの ひろさ　みどり…ます 6 こぶんの ひろさ

みどり の ほうが ます 3 こぶん ひろい。

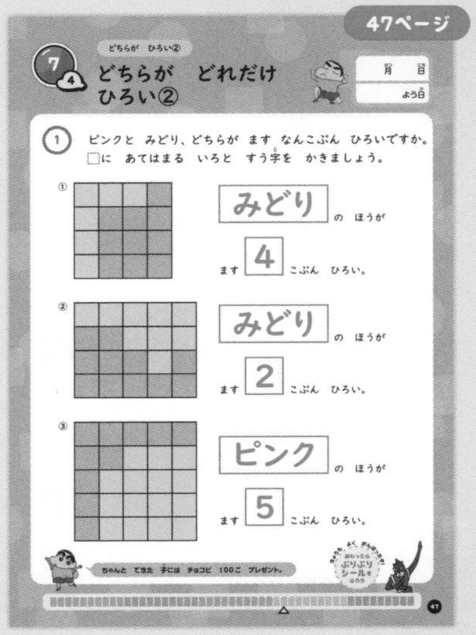
47ページ

7-4 どちらが ひろい② どちらが どれだけ ひろい②

1 ピンクと みどり、どちらが ます なんこぶん ひろいですか。□に あてはまる いろと すう字を かきましょう。

① みどり の ほうが ます 4 こぶん ひろい。

② みどり の ほうが ます 2 こぶん ひろい。

③ ピンク の ほうが ます 5 こぶん ひろい。

※ひらがなの記号は、○を省略しています。

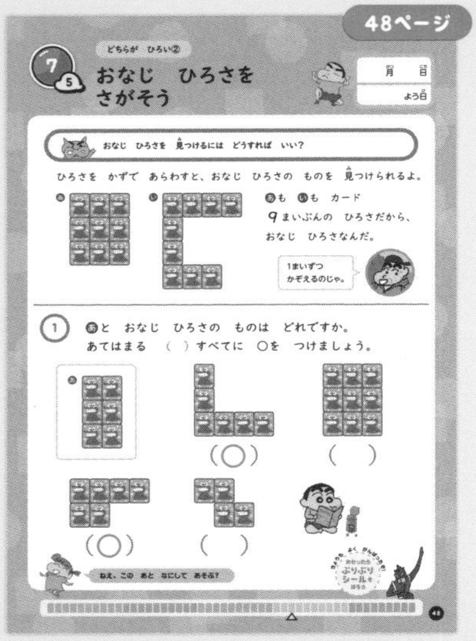
48ページ
7-5 どちらが ひろい②
おなじ ひろさを さがそう
月 日 よう日
おなじ ひろさを 見つけるには どうすれば いい？
ひろさを かずで あらわすと、おなじ ひろさの ものを 見つけられるよ。
あも いも カード 9まいぶんの ひろさだから、おなじ ひろさなんだ。
1まいずつ かぞえるのじゃ。
① あと おなじ ひろさの ものは どれですか。あてはまる（ ）すべてに ○を つけましょう。
（○）（ ）
（○）（ ）
ねえ、この あと なにして あそぶ？

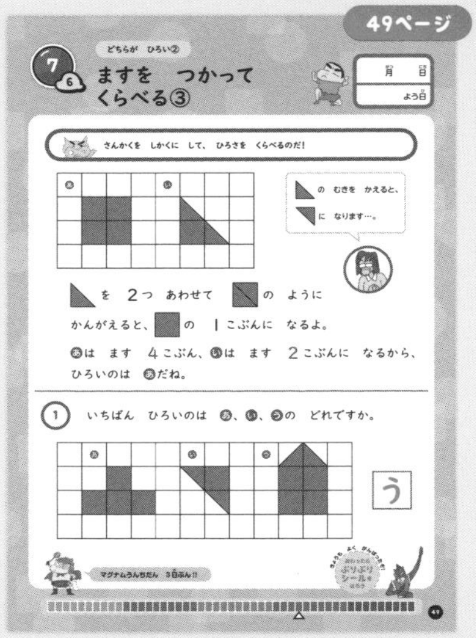
49ページ
7-6 どちらが ひろい②
ますを つかって くらべる③
月 日 よう日
さんかくを しかくに して、ひろさを くらべるのだ！
の むきを かえると、 に なります…。
を 2つ あわせて の ように かんがえると、 の 1こぶんに なるよ。
あは ます 4こぶん、いは ます 2こぶんに なるから、ひろいのは あだね。
① いちばん ひろいのは あ、い、うの どれですか。
う
マグナムうんちだん 3日ぶん!!

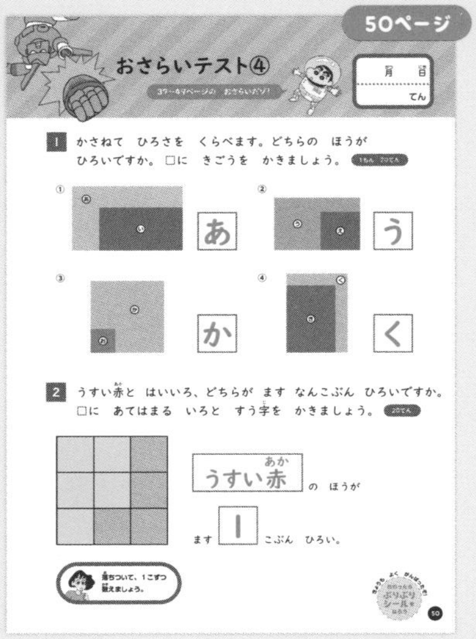
50ページ
おさらいテスト④
月 日 てん
1 かさねて ひろさを くらべます。どちらの ほうが ひろいですか。□に きごうを かきましょう。
① あ ② う ③ か ④ く
2 うすい赤と はいいろ、どちらが ます なんこぶん ひろいですか。□に あてはまる いろと すう字を かきましょう。
うすい赤 の ほうが ます 1 こぶん ひろい。
落ちついて、1こずつ 数えましょう。

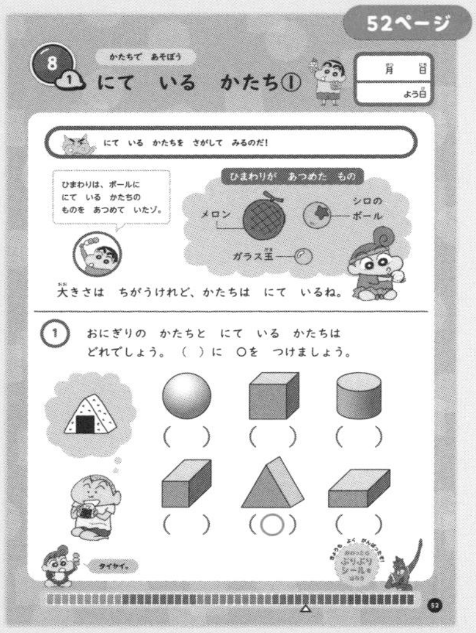
52ページ
8-1 かたちで あそぼう
にて いる かたち①
月 日 よう日
にて いる かたちを さがして みるのだ！
ひまわりは、ボールに にて いる かたちの ものを あつめて いたゾ。
ひまわりが あつめた もの
メロン シロの ボール ガラス玉
大きさは ちがうけれど、かたちは にて いるね。
① おにぎりの かたちと にて いる かたちは どれでしょう。（ ）に ○を つけましょう。
（ ）（ ）（ ）
（ ）（○）（ ）
タイヤイ。

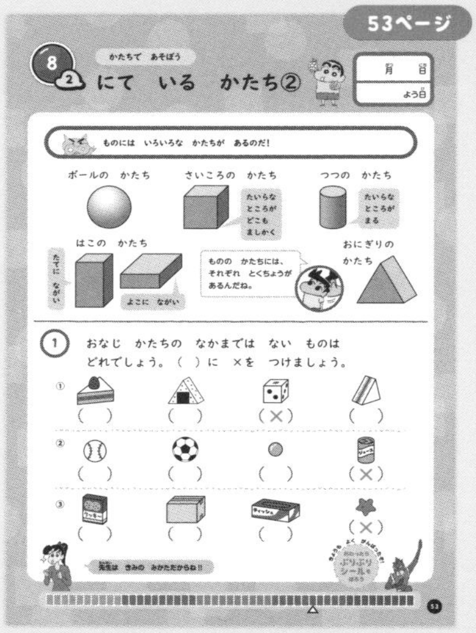
53ページ
8-2 かたちで あそぼう
にて いる かたち②
月 日 よう日
ものには いろいろな かたちが あるのだ！
ボールの かたち　さいころの かたち　つつの かたち
たいらな ところが どこも ましかく
たいらな ところが まる
はこの かたち　おにぎりの かたち
ものの かたちには、それぞれ とくちょうが あるんだね。
① おなじ かたちの なかまでは ない ものは どれでしょう。（ ）に ×を つけましょう。
①（ ）（ ）（×）（ ）
②（ ）（ ）（ ）（×）
③（ ）（ ）（ ）（×）
先生は きみの みかただからね!!

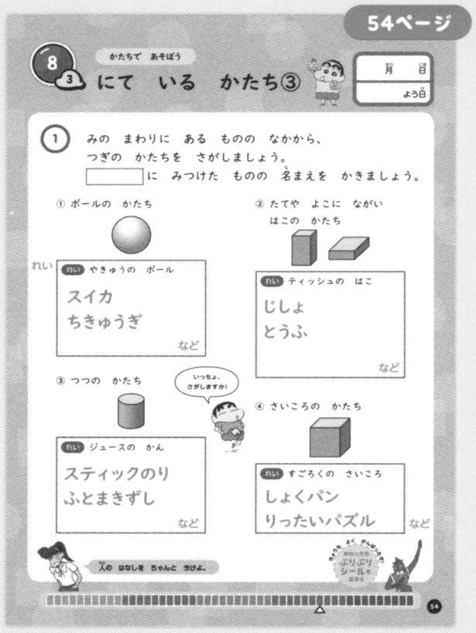
54ページ
8-3 かたちで あそぼう
にて いる かたち③
月 日 よう日
① みの まわりに ある ものの なかから、つぎの かたちを さがしましょう。□に みつけた ものの 名まえを かきましょう。
① ボールの かたち
れい れい やきゅうの ボール
スイカ ちきゅうぎ など
② たてや よこに ながい はこの かたち
れい ティッシュの はこ
じしょ とうふ など
③ つつの かたち
いっちょ、さがしますか！
れい ジュースの かん
スティックのり ふとまきずし など
④ さいころの かたち
れい すごろくの さいころ
しょくパン りったいパズル など
父の はなしを ちゃんと きけよ。

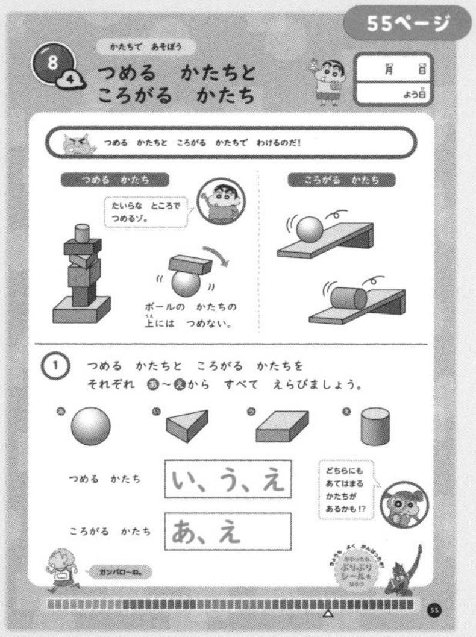
55ページ
8-4 かたちで あそぼう
つめる かたちと ころがる かたち
月 日 よう日
つめる かたちと ころがる かたちで わけるのだ！
つめる かたち　ころがる かたち
たいらな ところで つめるゾ。
ボールの かたちの 上には つめない。
① つめる かたちと ころがる かたちを それぞれ あ～えから すべて えらびましょう。
つめる かたち　い、う、え
ころがる かたち　あ、え
どちらにも あてはまる かたちが あるかも!?
ガンバロ～ね。

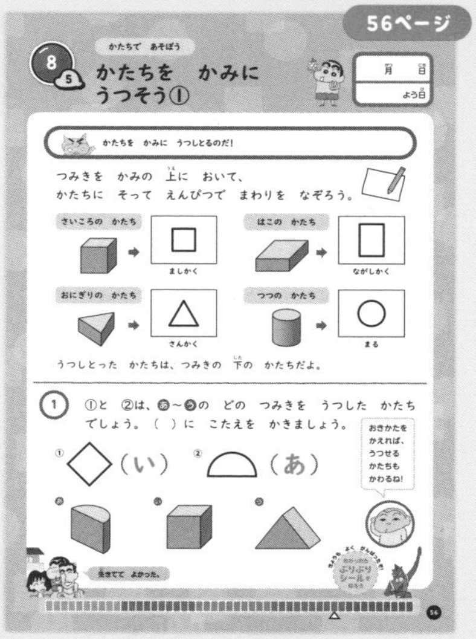
56ページ
8-5 かたちで あそぼう
かたちを かみに うつそう①
月 日 よう日
かたちを かみに うつしとるのだ！
つみきを かみの 上に おいて、かたちに そって えんぴつで まわりを なぞろう。
さいころの かたち　ましかく
はこの かたち　ながしかく
おにぎりの かたち　さんかく
つつの かたち　まる
うつしとった かたちは、つみきの 下の かたちだよ。
① ①と ②は、あ～うの どの つみきを うつした かたちでしょう。（ ）に こたえを かきましょう。
①（い）②（あ）
おきかたを かえれば、うつせる かたちも かわるね！
生きてて よかった。

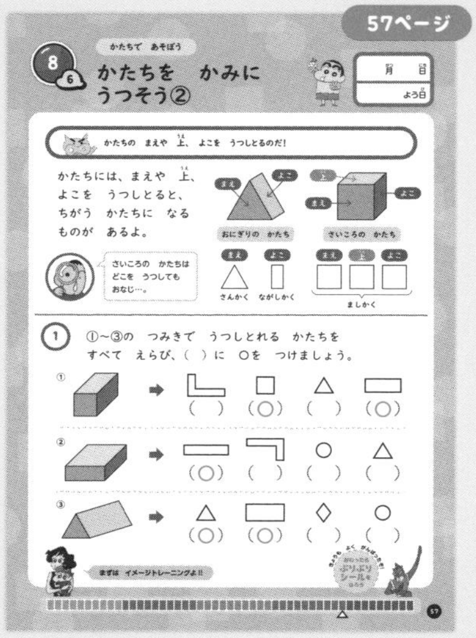
57ページ
8-6 かたちで あそぼう
かたちを かみに うつそう②
月 日 よう日
かたちの まえや 上、よこを うつしとるのだ！
かたちには、まえや 上、よこを うつしとると、ちがう かたちに なる ものが あるよ。
まえ よこ 上
おにぎりの かたち　さいころの かたち
さいころの かたちは どこを うつしても おなじ…。
さんかく ながしかく ましかく
① ①～③の つみきで うつしとれる かたちを すべて えらび、（ ）に ○を つけましょう。
①（ ）（○）（ ）（○）
②（○）（ ）（ ）（ ）
③（○）（○）（ ）（ ）
まずは イメージトレーニングよ!!

※ひらがなの記号は、○を省略しています。

58ページ

かたちで　あそぼう
かたちを　かみに
うつそう③
1　みの　まわりに　ある　かたちを　うつしましょう。
れい　かん　おかしの　はこ
この　ページが　小さかったら、大きな　かみに　うつそう。
れい

59ページ

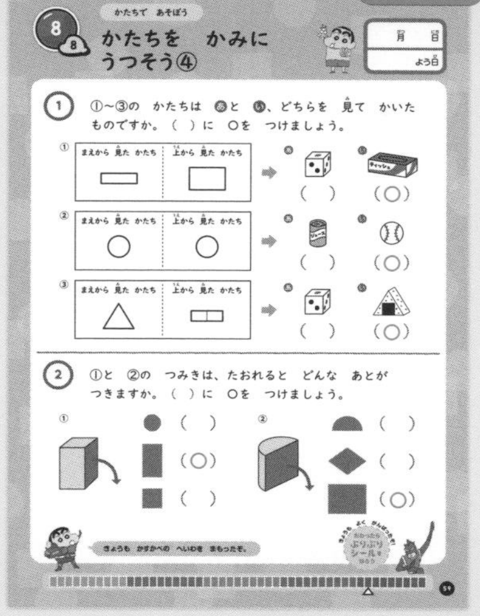
かたちで　あそぼう
かたちを　かみに
うつそう④
1　①〜③の　かたちは　あと　い、どちらを　見て　かいた　ものですか。（　）に　○を　つけましょう。
まえから　見た　かたち　上から　見た　かたち
（　）（○）
（　）（○）
（　）（○）
2　①と　②の　つみきは、たおれると　どんな　あとが　つきますか。（　）に　○を　つけましょう。
（　）（○）（　）
（　）（　）（○）

60ページ

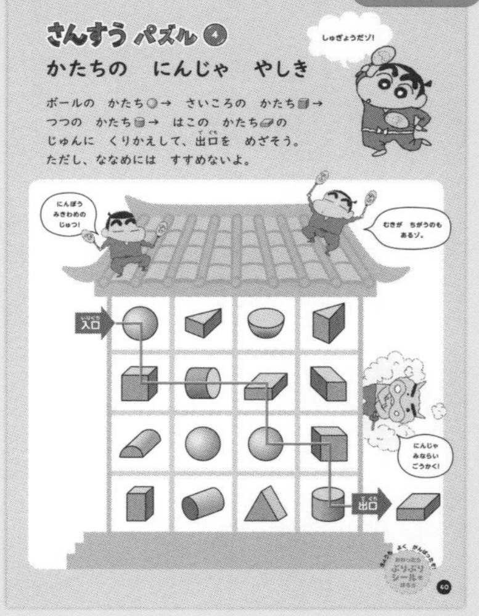
さんすう パズル 4
かたちの　にんじゃ　やしき
ボールの　かたち→　さいころの　かたち→　つつの　かたち→　はこの　かたちを　じゅんに　くりかえして、出口を　めざそう。
ただし、ななめには　すすめないよ。
入口
出口

62ページ

かたちを　つくろう
いろいたで
かたちを　つくろう①
いろいたを　ならべて　かたちを　つくるのだ！
ならべかたに　よって、ちがう　かたちが　できるよ。
2まい　3まい　4まい
7まい　8まい
1　①〜③の　かたちは、の　いろいたが　なんまいで　できますか。
2　まい　4　まい　6　まい

63ページ

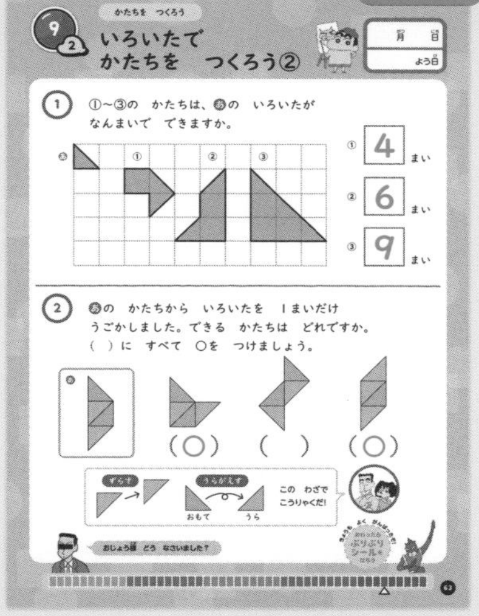
かたちを　つくろう
いろいたで
かたちを　つくろう②
1　①〜③の　かたちは、あの　いろいたが　なんまいで　できますか。
① 4 まい
② 6 まい
③ 9 まい
2　あの　かたちから　いろいたを　1まいだけ　うごかしました。できる　かたちは　どれですか。（　）に　すべて　○を　つけましょう。
（○）（　）（○）
ずらす　うらがえす
おもて　うら

64ページ

かたちを　つくろう
いろいたで
かたちを　つくろう③
1　4いろいたを　つかって、①〜③の　かたちを　つくりましょう。できたら、どんなふうに　いたを　おいたのか、きれ目の　せんを　かきましょう。
れい　4まい　つかうよ。
3まい　つかうよ。
4まい　つかうよ。
6まい　つかうよ。
③の　つくりかたは　2とおり　あるのだ。
※こちらでも
正解です。

65ページ

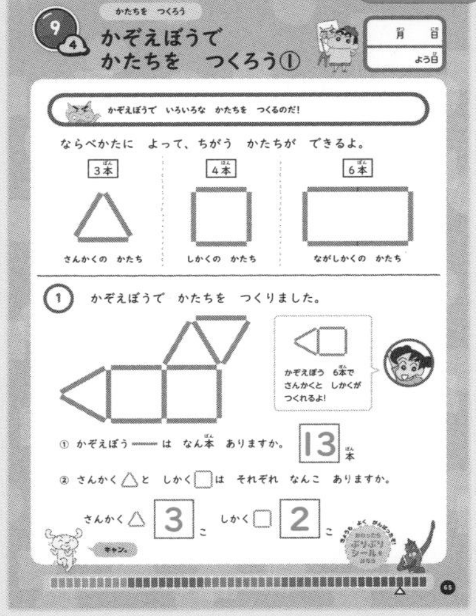
かたちを　つくろう
かぞえぼうで
かたちを　つくろう①
かぞえぼうで　いろいろな　かたちを　つくるのだ！
ならべかたに　よって、ちがう　かたちが　できるよ。
3本　4本　6本
さんかくの　かたち　しかくの　かたち　ながしかくの　かたち
1　かぞえぼうで　かたちを　つくりました。
かぞえぼう　6本で　さんかくと　しかくが　つくれるよ！
①　かぞえぼうは　なん本　ありますか。 13 本
②　さんかくと　しかくは　それぞれ　なんこ　ありますか。
さんかく 3 こ　しかく 2 こ

66ページ

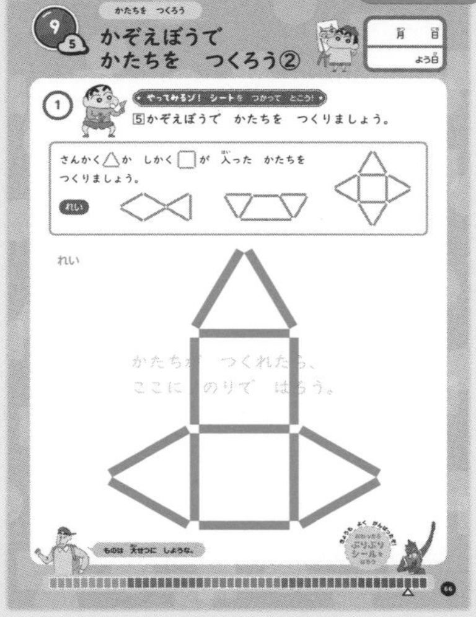
かたちを　つくろう
かぞえぼうで
かたちを　つくろう②
1　5かぞえぼうで　かたちを　つくりましょう。
さんかくか　しかくが　入った　かたちを　つくりましょう。
れい
れい
かたちが　つくれたら、
ここに　のりで　はろう。

67ページ

かたちを　つくろう
せんで　つないで
かたちを　つくろう①
・と　・を　せんで　つないで　かたちを　つくるのだ！
さんかくの　かたち　しかくの　かたち　いろいろな　かたち
1　おなじ　かたちを　下に　かきましょう。

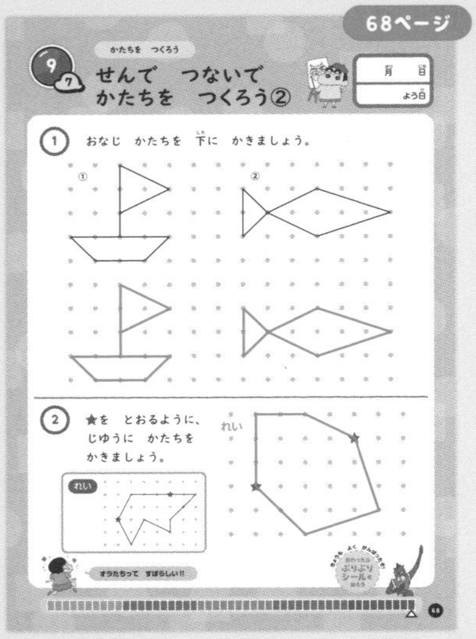
68ページ

9 せんで つないで かたちを つくろう②

1 おなじ かたちを 下に かきましょう。

2 ★を とおるように、じゆうに かたちを かきましょう。

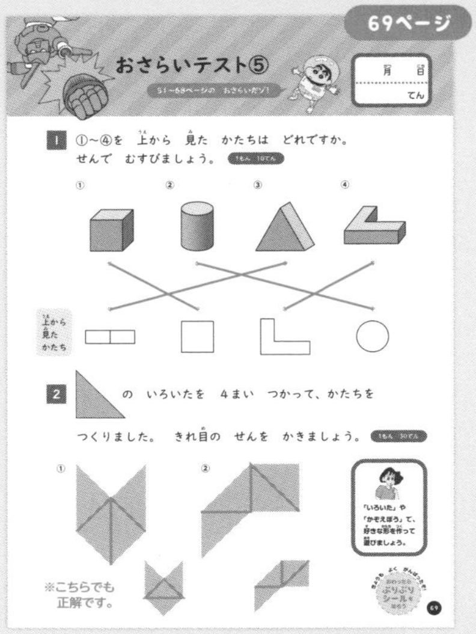
69ページ

おさらいテスト⑤

51～68ページの おさらいだゾ！

1 ①～④を 上から 見た かたちは どれですか。せんで むすびましょう。

2 の いろいたを 4まい つかって、かたちを つくりました。きれ目の せんを かきましょう。

※こちらでも正解です。

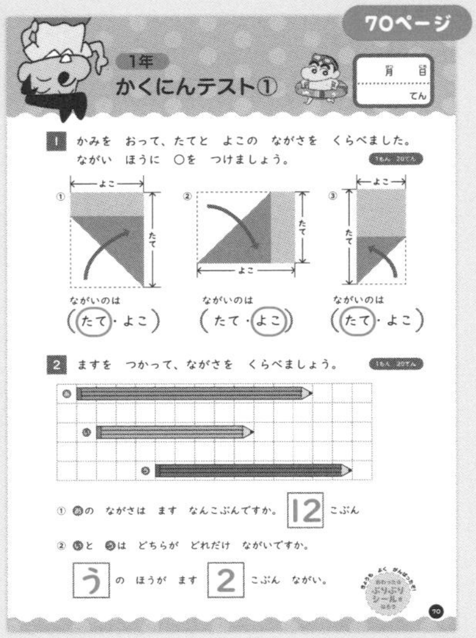
70ページ

1年 かくにんテスト①

1 かみを おって、たてと よこの ながさを くらべました。ながい ほうに ○を つけましょう。

① ながいのは （たて・よこ） ② ながいのは （たて・よこ） ③ ながいのは （たて・よこ）

2 ますを つかって、ながさを くらべましょう。

① あの ながさは ます なんこぶんですか。 12 こぶん

② いと うは どちらが どれだけ ながいですか。 う の ほうが ます 2 こぶん ながい。

71ページ

1年 かくにんテスト②

1 とけいを よんで、□に すう字を かきましょう。

① 6 じ ② 7 じ 15 ふん ③ 4 じ 28 ぷん

2 [ ]の 中の じかんに あわせて ながい はりを かきましょう。

①[2じ] ②[11じ30ぷん] ③[1じ45ふん] ④[5じ4ふん] ⑤[12じ49ふん]

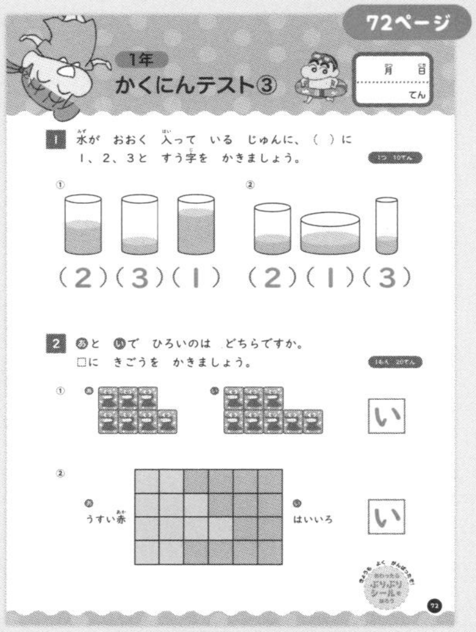
72ページ

1年 かくにんテスト③

1 水が おおく 入って いる じゅんに、( )に 1、2、3と すう字を かきましょう。

① (2)(3)(1) ② (2)(1)(3)

2 あと いで ひろいのは どちらですか。□に きごうを かきましょう。

① い ② い

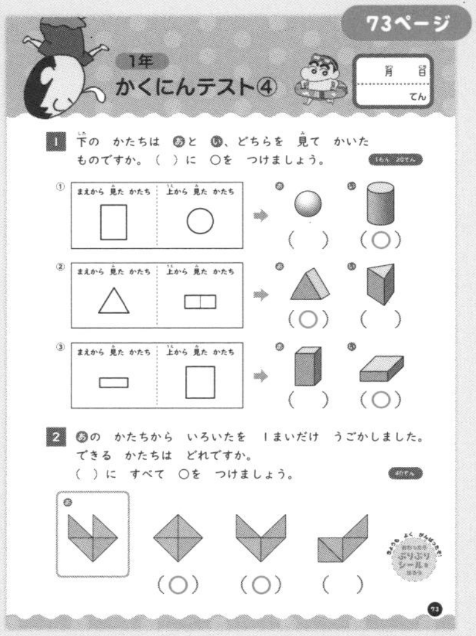
73ページ

1年 かくにんテスト④

1 下の かたちは あと い、どちらを 見て かいた ものですか。( )に ○を つけましょう。

① ( ) (○) ② (○) ( ) ③ ( ) (○)

2 あの かたちから いろいたを 1まいだけ うごかしました。できる かたちは どれですか。( )に すべて ○を つけましょう。

(○) (○) ( )

※ひらがなの記号は、○を省略しています。

修了証

あなたは 「クレヨンしんちゃん 算数ドリル 小学1年生 ずけい・たんい」の 学習を がんばり、すべてを マスターした ことを 証します。

……………………… さん

年　　月　　日

たいへん よく できました！
ここに
修了シールを
はろう！